L'avis de nos lectrices

« Le temps d'une journée, je n'ai pu lâcher ce roman empreint de légèreté et d'humour, tant j'étais absorbée !
Emmanuelle Fontaine maîtrise avec brio le feel good book. *C'est un roman qui sent bon Noël, qui pétille d'authenticité. Il se savoure, pour sa justesse, et pour tous les bienfaits apportés par l'application des* Quatre Accords toltèques *développés par don Miguel Ruiz.*
C'est un petit trésor à lire, au chaud et accompagné d'un thé brûlant où l'Amour de Soi résonne comme un appel du cœur. »

Élodie, du compte Instagram @cocoon_vibes

« Histoire lue d'une traite ! Je me suis délectée à chaque page. Une idée de cadeau formidable, accompagné si possible du best-seller de don Miguel Ruiz publié aux Éditions Jouvence. J'invite chacun à réaliser le défi des Quatre Accords toltèques. *Ce livre laisse une empreinte en nous. »*

Ingrid, du compte Instagram @ingrid_positive_tavie

« Quel délicieux roman !
Emmanuelle Fontaine nous offre un récit frais et plein d'humour sur un fond de sagesse incarnée dans la réalité, notre réalité, celle que nous pouvons toutes vivre au quotidien.
Lovez-vous confortablement dans votre canapé avec un bon chocolat chaud et laissez-vous embarquer ! Bon moment garanti ! »

Nikita, du compte Instagram @rdv.avec.moi.maime

« Ce livre est totalement addictif !
Lire ce roman a été comme un vent de fraîcheur et de bienveillance ! C'est drôle, c'est réconfortant, enveloppant et plein d'amour. Personnellement, je n'ai qu'une seule envie : qu'une suite lui soit donnée ! »

Émilie, du compte Instagram @emilie.hlt

« J'ai dévoré ce livre en moins de deux heures. J'ai beaucoup aimé la narration et le ton employé par l'autrice. C'est frais, pétillant et drôle. L'identification au personnage se fait naturellement. J'ai également apprécié la période à laquelle se déroule l'histoire. Un livre qui laisse un large sourire et donne envie de se lancer. »

Delphine, du compte Instagram @troispetitstoursdepage

« Un roman où tous les ingrédients feel good *sont réunis : amour, amitié, esprit de Noël, personnages attachants… On démarre la lecture avec l'envie de prendre Isa dans nos bras et de l'encourager et on le referme avec un grand sourire et de la bonne humeur.*
Un cadeau à offrir, ou à s'offrir, pour entrer en douceur dans l'atmosphère des fêtes de fin d'année. »

Joëlle, du compte Instagam @jolivre_

« Une délicieuse lecture, qui donne envie de découvrir les livres de don Miguel Ruiz. Le personnage d'Isa, très drôle, nous fait passer un doux moment livresque. »

Hulya, du compte Instagram @pulul_la_libellule

« Une histoire écrite comme un journal intime publié sur un blog qui n'est pas sans rappeler la fameuse et adorable Bridget Jones, une héroïne mal dans sa peau mais dans laquelle beaucoup se retrouveront. Chocolats chauds, esprit de Noël, tous les ingrédients de l'histoire spéciale fin d'année sont là, les -10 °C québécois en prime !
Je ne ferai pas de supposition mais c'est quand même une comédie de Noël qui va vous réchauffer le cœur et l'esprit ! Ça pétille, un gros coup de cœur ! »

Stéphanie, du compte Instagram @stephanie_chaulot

« Un roman bien-être attendrissant et tellement agréable à lire ! Une très belle découverte et un coup de cœur pour la plume légère et fluide d'Emmanuelle Fontaine ! Un roman qui fait sourire et qui fera du bien à plus d'un lecteur ! »

Laëtitia, du compte Instagram @leslecturesdelaeti

« Une écriture douce et bienveillante, une héroïne très humaine qui fait simplement de son mieux, des réflexions drôles mais profondes, à l'image de la philosophie de vie prônée par Les Quatre Accords toltèques *de don Miguel Ruiz. C'est vraiment le livre-bonbon que l'on a envie d'offrir (ou de s'offrir) pour apporter un peu de douceur à ceux qui nous entourent. »*

Priscilla, du compte Instagram @force.verte.lit

« Que ça fait du bien au moral cette comédie de Noël feel good, *orientée épanouissement personnel ! Dès les premières pages, nous sommes plongés dans l'ambiance. J'ai souri, j'ai ri, j'ai aimé mais aussi beaucoup réfléchi.*
Je vous conseille de le lire sans plus attendre ! »

Caroline, du compte Instagram @carol_in_besac

« Une belle lecture de Noël dans le domaine du bien être. Une idée de cadeau originale. »

Tiphaine, du compte Instagram @les_lectures_de_tiphaine

« J'ai adoré ce roman ! Je l'ai dévoré en quelques soirées !
Je recommande chaleureusement ce bel ouvrage, idéal pour se détendre. C'est également une excellente occasion de travailler sur soi en douceur grâce aux accords toltèques. J'ai été conquise ! Merci à l'autrice et aux Éditions Jouvence pour cette très agréable découverte ! »

Alexandra, du compte Instagram @alexandra.francon.naturo

« J'ai tout de suite été captivée par ma lecture et par le destin d'Isa. Emmanuelle Fontaine a imaginé une héroïne qui nous ressemble, un quotidien qui nous parle et on prend plaisir à découvrir Isa dans son appropriation quotidienne de ses accords, entre sourires et petites larmes… »

Sylvie, du compte Instagram @sylfa_lectures

« Cet ouvrage nous offre de merveilleux cadeaux : il nous donne envie de mettre en place de nouvelles routines, d'entreprendre de nouveaux projets et d'être pleinement nous-mêmes sans avoir peur de vivre. Une lecture qui nous insuffle une belle dose de vie et d'énergie. »

Julie, du compte Instagram @les_lectures_du_petit_fruit

« Je me suis beaucoup attachée à Isa. On s'identifie facilement à elle et on devrait tou.te.s suivre son exemple en se reprenant en main grâce à la sagesse toltèque. Un bonne comédie de Noël : drôle et touchante à la fois. »

Emma, du compte Instagram @krokette

« Des personnages attachants et un livre plein d'humour que j'ai dévoré en deux jours ! J'ai eu un vrai coup de cœur pour cette belle histoire. Installez-vous confortablement près d'un feu de cheminée et savourez ce roman qui fait du bien ! »

Jennifer, du compte Instagram @naturomood

« Ce livre est une petite douceur que l'on savoure et qui, délicatement, dépose de précieux conseils dans nos têtes et nos cœurs.
Je vous le recommande chaleureusement. Vous passerez, c'est certain, un agréable moment en compagnie de personnages attachants. »

Héloïse, du compte Instagram @mesptiiteslectures

« Je suis très heureuse d'avoir pu découvrir Les Quatre Accords toltèques *de don Miguel Ruiz à travers le défi qu'Isa a décidé de relever. Au sortir de cette lecture, la seule chose dont j'ai envie est d'ouvrir* Les Quatre Accords toltèques *et d'arroser les graines qu'Emmanuelle Fontaine a semé dans mon esprit ! »*

Élodie, du compte Instagram @book_rockeuse

« La plume d'Emmanuelle est envoûtante, son récit sous forme de journal est super agréable. Les personnages sont magnifiques d'humanité, de sentiments.
J'ai adoré ce livre. Une écriture jeune, fraîche, pétillante. »

Marie, du compte Instagram @marie67310

« Un roman frais, digne d'un conte de Noël, qui nous permet de découvrir ou redécouvrir Les Quatre Accords toltèques. *Un livre qui se dévore ! »*

Vanessa, du compte Instagram @lm_dcartes

« J'ai adoré ce roman ! Un roman de fin d'année à dévorer sous un plaid, bien au chaud, le livre dans une main, le chocolat chaud dans l'autre et le sapin illuminé dans un coin de la pièce.
Ce roman pourrait être votre étoile de noël : porteur d'amour, d'amitié, de bienveillance. Il nous donne envie d'être une meilleure version de nous-mêmes. »

Victoria, du compte Instagram @nantes_lectureclub

« Il est facile de s'identifier à Isa tant son quotidien pourrait être le nôtre ! Ce roman nous apporte un regard nouveau sur Les Quatre Accords toltèques *pour les rendre accessibles à tous. »*

Mandy, du compte Instagram @delices_de_lecture

LE NOËL OÙ J'AI DÉCIDÉ DE M'OUVRIR À LA VIE

Dans la même collection aux Éditions Jouvence :

Les Neuf Leçons du guerrier maasaï, Xavier Péron

*Achète-toi toi-même ces p*tains de fleurs*, Tara Schuster

Toutes ces vies où nous nous sommes aimés, Céline Colle

Éditions Jouvence
Suisse : Route de Florissant, 97 – 1206 Genève
Site Internet : **www.editions-jouvence.com**
Mail : info@editions-jouvence.com

Catalogue gratuit sur simple demande

Couverture : Flamidon
Mise en pages : PCA-CMB

ISBN : 978-2-88953-830-0

EMMANUELLE FONTAINE

LE NOËL OÙ J'AI DÉCIDÉ DE M'OUVRIR À LA VIE

Jouvence poche

Samedi 30 novembre

Cher journal,

Tamara – ma meilleure amie – m'a certifié que ce serait un jeu d'enfant de tenir un blog. « En revanche, laisse tomber le mot *blog* et imagine plutôt le journal intime que tu écrivais quand tu étais adolescente », m'a-t-elle dit quand je lui ai fait part de mes réserves. D'une, la technologie ce n'est pas mon truc et, de deux, pourquoi raconterais-je ma vie sur Internet ? Je crois qu'elle a perdu la tête : elle a même suggéré qu'Olivier, mon aîné de seize ans, crée la page pour moi si je n'étais vraiment pas assez douée pour le faire toute seule. Qui confierait son journal à ses enfants ? Elle m'a assuré que personne d'autre qu'elle ne lirait mes mots – avec les milliers de blogs sur la toile, les chances que l'on tombe sur le mien étaient minimes –, mais que si quelqu'un arrivait jusqu'à eux par hasard, et que mon récit pouvait l'aider à traverser des moments difficiles, eh bien il fallait accepter la volonté de l'univers.

Tout a commencé hier, le jour où j'ai célébré mon quarantième anniversaire. Enfin, ce sont surtout mes amies qui l'ont célébré. Tamara, mon amie d'enfance, et Ellen et Nicole, mes collègues du musée d'Art autochtone, avaient prévu un dîner mexicain. J'avais protesté quand elles m'avaient exposé leur plan : je n'étais pas d'humeur à faire la fête et espérais qu'elles n'insisteraient pas trop. Ces derniers mois, j'étais devenue experte en excuses pour éviter de sortir et voir du monde, et même une soirée entre amies me paraissait au-dessus de mes forces. Mais elles avaient eu le dernier mot : « Tu ne t'occupes de rien, on fait les courses et on te prépare ton repas préféré, chez toi. » Leurs préparatifs ne sont pas allés plus loin que l'apéritif ! Elles ont commencé par tester de multiples dosages de tequila, jus de citron vert et sirop pour créer le cocktail parfait, et je n'ai laissé aucune des trois s'approcher de ma cuisinière, malgré leurs protestations ! Et puis, elles avaient déjà vidé la bouteille de tequila et je voulais surveiller le champagne. Elles étaient tellement saoules qu'elles ont même suggéré que mes garçons fassent à manger, alors que leur expérience culinaire s'arrête à faire bouillir de l'eau pour les pâtes ou commander une pizza ! J'adore mes amies et apprécie leurs efforts pour me rendre le sourire, mais j'étais soulagée de me retrouver seule dans la cuisine un moment. Prétendre que tout allait bien et que je m'amusais était épuisant.

Pour être honnête, cher journal, je crois qu'il faut que je parle des évènements du 14 février dernier pour expliquer mon état d'esprit. Ce n'était pas une Saint-Valentin comme les autres puisque Matthew et moi célébrions le vingtième anniversaire de notre premier rendez-vous. Il y avait longtemps que cette journée ne signifiait plus grand-chose pour nous, c'est plutôt normal au bout de vingt ans, deux enfants, et le quotidien qui émousse la passion, mais j'étais convaincue que celle-là serait différente.

La soirée avait pourtant mal commencé : j'avais évité de programmer des réunions en fin de journée pour pouvoir rentrer tôt, mais Annette, ma manager, en avait profité pour accaparer mon temps avec des tâches toutes plus inutiles les unes que les autres, qu'elle estimait urgentes. Du coup, j'avais juste eu le temps d'enfiler la petite robe noire que j'avais eu la bonne idée de repasser la veille, et de retoucher rapidement mon maquillage. Je ne me souvenais pas de la dernière fois où j'avais fait un effort et j'avais de la peine à reconnaître mon reflet dans le miroir. Mais le résultat était satisfaisant ! À la hauteur, je l'espérais, du pendentif que j'avais trouvé dans la veste de Matthew la semaine d'avant, alors que je cherchais de la monnaie pour le pourboire du livreur de pizza.

Depuis que je l'avais découvert, le collier me trottait dans la tête. Il était la preuve que mon mari tenait encore à moi et que notre mariage n'était pas aussi essoufflé qu'il en avait l'air. Matthew était souvent en voyage d'affaires ou faisait des heures supplémentaires au bureau, alors on ne se voyait pas beaucoup. Même nos vacances étaient fades ! Depuis quelques années, elles se résumaient à passer une semaine chez mes parents à Montréal pour les fêtes et une semaine dans un club de vacances pendant les vacances de printemps parce que je n'avais pas l'énergie d'organiser quoi que ce soit de plus culturel, stimulant ou aventureux. Je n'avais rien dit à mon mari, bien sûr, j'attendais qu'il me l'offre ce soir-là. En attendant, mon cœur m'avait semblé plus léger.

Quand j'avais demandé à Matthew s'il voulait que je réserve une table quelque part, il m'avait dit qu'il s'occuperait du dîner. Quand, à 19 h 30, il n'était toujours pas rentré, j'avais pensé qu'il devait être coincé dans les bouchons ou en train de faire la queue chez le traiteur. En fin de compte, j'aurais eu le temps de m'épiler correctement, de me laver les cheveux et de les lisser comme il les aime. Je m'efforçais de garder mon calme et de chasser les pensées négatives qui menaçaient de ruiner ma bonne humeur tout en me disant qu'il aurait quand même pu être à l'heure pour une fois !

Quand enfin mon mari était arrivé, il avait la tête des mauvais jours et ne semblait pas apporter notre repas. Mon estomac criait famine, mais j'avais souri et dit en m'efforçant de cacher mon agacement :

« Je croyais qu'on dînait ici ! »

Son regard s'était posé sur la table dressée, les bougies qui fondaient sur la nappe, puis ma robe.

« Mais un restaurant, ça me va aussi ! m'étais-je empressée d'ajouter.

– Écoute… avait fini par dire Matthew. Il faut que je te parle. »

J'avais pensé qu'il s'était passé quelque chose au bureau, et lui avais posé une question en ce sens. Mais au fond de moi, je savais que ce qu'il avait à me dire n'avait rien à voir avec son travail. Je n'étais pas prête à l'entendre, voilà tout.

« Je n'arrive plus à faire semblant. Je suis désolé, c'est fini, Isa. Je pars. »

Et, sur ces mots, il avait quitté la pièce tellement vite que je n'avais pas eu le temps de lui demander à qui était destiné le pendentif en or.

Depuis que Matthew est parti, je n'ai plus le cœur à rien. Mais bon, j'avais accepté que mes amies préparent cette fête et il fallait bien que j'y retourne. Quand je les ai rejointes avec nachos, guacamole et quesadillas, une salsa endiablée faisait vibrer les enceintes de la stéréo et Tamara s'était improvisée professeur de danse ! Mes fils, horrifiés, s'étaient retranchés derrière le canapé et repoussaient tant bien que mal Ellen et Nicole déterminées à en faire leurs cavaliers ! J'enviais leur joie de vivre à ces trois-là et ai souri malgré moi. C'était la première fois que nous avions de la compagnie dans notre nouvelle maison – celle dans laquelle mes fils et moi avions emménagé après la séparation. Je me rendais compte à quel point je m'étais isolée depuis février et combien mes amies m'avaient manqué : Tamara, agente immobilière à succès et aventurière sans attaches, toujours partante pour un week-end entre filles ou en solitaire, selon ses envies ; Ellen, maman de deux adolescentes, qui faisait des crises de panique dès qu'il y avait un contretemps dans sa routine planifiée heure par heure dans des fichiers Excel et qui filait toujours le parfait amour avec son petit ami du lycée ; et Nicole, la femme la plus généreuse et la plus altruiste que je connaisse, qui s'occupait de sa mère amoindrie depuis son AVC et faisait du bénévolat à la Société pour la protection des animaux avec son mari. La scène était hilarante, mais j'ai eu pitié des garçons et ai baissé le son.

Une fois le festin terminé, Tom et Olivier ont débarrassé la table et j'ai ouvert mes cadeaux. Maintenant que Matthew n'est plus là, il n'y a plus personne pour m'offrir les petits luxes que je n'achèterai pas moi-même, comme le collier Swarovski avec les violettes délicates que j'admire à chacune de mes visites au centre commercial Yorkdale. Alors j'avoue que les paquets, j'avais hâte de les ouvrir ! Ellen et Nicole avaient choisi ensemble une jolie montre plaquée or rose, les garçons, qui n'avaient pas osé demander de l'argent à leur père, m'avaient fait des cartes personnalisées dans lesquelles ils avaient écrit plus de dix lignes chacun. Mon cœur a fondu et je leur ai volé un câlin. Comme c'était mon anniversaire, ils n'ont pas protesté ! Et Tamara m'a offert… un livre. Qu'on ne se méprenne pas, j'adore lire. Mais elle m'avait habituée à des cadeaux plus extravagants. Pardon, Tamara, si tu lis ces lignes, mais tu m'as demandé d'être la plus honnête possible, alors je t'écoute. Juste pour donner une idée, l'année dernière, j'avais eu droit à un abonnement à la saison entière des spectacles de Mirvish, et celle d'avant, un repas dans un restaurant classé au guide Michelin. J'ai caché ma surprise et l'ai remerciée, un peu confuse. J'ai honte de l'avouer, mais quand j'ai compris que l'auteur était mexicain, j'ai regardé mine de rien entre les pages pour voir s'il n'y avait pas un billet d'avion pour le Mexique.

Ce n'est que plus tard, une fois tout le monde parti, que j'ai trouvé le message de Tamara. Alors que je finissais de ranger, j'ai fait tomber le livre qui, en heurtant le sol, a laissé échapper une petite carte. Mon amie ne me proposait pas un voyage, mais me mettait au défi de pratiquer pendant un mois les enseignements du livre qu'elle venait de m'offrir, et de rapporter mon expérience quotidiennement dans un blog (pour s'assurer que je prenais ma tâche au sérieux). Si je jouais le jeu jusqu'à début janvier, elle me remettrait alors mon « vrai » cadeau. Curieuse, je me suis plongée dans la lecture des *Quatre Accords toltèques*[1] de don Miguel Ruiz.

Commentaire de Tamara : *Tu as commencé le blog ! Je suis fière de toi !*
Réponse d'Isa : *Cela ne veut rien dire. Je voulais juste te prouver que je maîtrise la technologie !*
Réponse de Tamara : *Au fait, tu sais que tu n'es pas obligée de commencer tes articles par « Cher journal » ? Tu n'as plus douze ans !*

Dimanche 1er décembre

Aujourd'hui, j'ai eu une explication avec Tamara (eh oui, Tamara, je parle de toi !). En fait, je ne sais pas si je suis en colère qu'elle m'impose cette thérapie en me faisant quasiment du chantage ou si je me réjouis que quelqu'un s'inquiète assez pour moi pour échafauder un plan aussi tarabiscoté ! Apparemment, je passe mon temps à m'apitoyer sur mon sort, à me plaindre de ma solitude, de mon boulot, de mon ex-mari, de tout quoi. On ne sait plus par quel bout me prendre : on me console depuis des mois, mais je n'arrive pas à tourner la page ; je dis que je m'ennuie, mais je refuse les sorties que l'on me propose ; on me conseille, mais je finis par prendre les mauvaises décisions. Je dois bien admettre que ce monstre grincheux et déprimé me ressemble ! Quelle plaie je suis devenue ! Alors j'accepte officiellement la proposition de Tamara en jurant que ce n'est pas à cause de la promesse d'un cadeau, mais du désir de changer avant que mes amies et ma famille ne me supportent plus ! Et puis j'ai déjà fait le plus dur : inaugurer ce blog.

Je l'interroge : « Mais pourquoi un mois ?

– J'ai fait des recherches, répond Tamara. Lors d'une étude sur le comportement, les scientifiques ont démontré qu'il fallait entre dix-huit et deux cent cinquante-quatre jours pour prendre une nouvelle habitude.

– Et alors ?

– Je me suis dit que tu apprenais rapidement ! Alors, j'ai choisi cette option. Un mois, cela nous mène au premier janvier, le début d'une année nouvelle, et un nouveau toi, quoi ! Et puis, je ne suis pas sûre que j'aurais envie de te lire plus de huit mois d'affilée ! »

Je pourrais rétorquer qu'en tant que meilleure amie, je la mets déjà au courant de tous les détails de ma vie et que je pensais que cela l'intéressait ! Mais je me tais avant qu'elle ne change d'avis ! C'est vrai, elle aurait pu imaginer un cadeau bien pire, comme les mémoires de Montaigne, un pavé de six cents pages de sagesse accessible seulement à une poignée de courageux, ou trente et un jours de retraite silencieuse dans un coin perdu des Laurentides, au nord de Montréal.

Ces derniers temps, je pense souvent à cette rédaction où nous devions décrire notre vie future. Je devais avoir douze ou treize ans et je m'étais prédit une carrière glamour de reporter international ou d'artiste en vogue, un mari aimant, une ribambelle d'enfants accomplis et, bien sûr, une maison douillette avec un chat, une tortue et peut-être même des poissons rouges, comme dans la chanson de Nino Ferrer. La réalité est bien différente. Je travaille comme conservatrice

– peut-être devrais-je dire bonne à tout faire ? – dans un petit musée du centre-ville de Toronto, poste dont je me plains depuis dix ans sans faire quoi que ce soit pour en changer. En ce qui concerne le mari, non seulement il m'a quittée, mais il a aussi emporté avec lui le peu d'estime qu'il me restait : la femme pour laquelle il est parti est tellement plus distinguée, plus cultivée, plus accomplie, plus sûre d'elle que moi. Sans enfant, elle est toujours disponible pour une sortie en amoureux ! Bref, je ne faisais pas le poids avec mes vieux jeans et pulls molletonnés, ma carrière coincée sur la marche arrière et mes week-ends accaparés par les activités des enfants, les lessives et le ménage. D'un autre côté, qu'est-ce que je croyais ? Qu'il me remplacerait par mon sosie ? Côté progéniture, je n'ai pas à me plaindre de mes deux fils, non. Pour l'instant, mon préado de douze ans et mon ado de seize ans poursuivent leurs études sans se poser trop de questions, ne se droguent pas (*a priori*), ne traînent pas avec des délinquants et rentrent sagement à la maison dès les cours finis. Pourtant, il est loin le temps béni de la complicité où tous les soirs ils racontaient leur journée par le menu et où une balade en forêt avec leurs parents était le summum de l'aventure ! Bon, j'avoue que la vie secrète des Pokémons et autres créatures dont ils raffolaient ne me manque pas, mais mes enfants, eux, si. Tom passe désormais des heures à lire dans sa chambre, un casque duquel s'échappe la voix de Shawn Mendes vissé sur les oreilles, et Olivier, l'aîné, est obnubilé par ses jeux vidéo. On se voit au dîner, avalé à la hâte depuis que leur père ne le partage plus avec nous, avec pour toute conversation leurs monosyllabes en réponse aux traditionnelles questions sur leur journée. Je ne sais pas si je veux que ma vie ressemble à celle imaginée par une jeune fille de treize ans, mais ce dont je suis certaine, c'est que celle que je vis ne me plaît pas. Tamara a raison, il est grand temps de revoir tout ça !

Je profite du reste de la journée pour terminer ma lecture des *Quatre Accords toltèques*. Ce livre de développement personnel a le mérite d'offrir une explication simple de la sagesse toltèque, un peuple méso-américain aujourd'hui disparu. En un mot, l'auteur, homme médecine et chaman, explique que nous ne vivons pas la vie dont nous rêvons, car depuis notre naissance, nous subissons un « processus de domestication » de la part de nos parents (et cela indépendamment de leur volonté puisqu'ils ont subi la même chose avant nous), de la société, de la religion et autres dogmes qui ont établi des règles ou « accords » selon lesquels les êtres humains doivent vivre. Malheureusement, ces accords vont souvent à l'encontre de ce que chacun est ou désire. Le livre nous apprend à nous libérer de ces vieux accords et à les remplacer par des nouveaux, les fameux quatre accords toltèques, pour enfin avoir la vie dont nous rêvons. Voici ces accords :

1. Que votre parole soit impeccable

La puissance des mots est souvent utilisée négativement, pour blesser ou dénigrer. L'auteur nous encourage à éviter les commérages, à être sincère et bienveillant avec autrui et nous-mêmes.

2. Quoi qu'il arrive, n'en faites pas une affaire personnelle

Ce que disent les autres nous touche, car notre ego ramène tout à lui-même. Pourtant, leurs critiques ne sont qu'une projection de leur propre réalité et nous devons apprendre à ne pas nous laisser atteindre.

3. Ne faites pas de suppositions

Cet accord touche à la communication entre les êtres humains. Nos conversations sont truffées de malentendus qui engendrent tristesse, colère et déception à cause des suppositions que l'on fait.

4. Faites toujours de votre mieux

Il s'agit d'appliquer ces accords à chaque instant de notre vie, du mieux que nous pouvons selon les circonstances et nos capacités.

Commentaire de Tamara : *Ça y est ? Tu mets les accords en pratique ? Quelles sont tes premières impressions ?*
Réponse d'Isa : *Minute papillon ! Je viens de finir le livre ! Tu auras l'exclusivité de mon expérience dans ce blog !*
Réponse de Tamara : *En tout cas, je te félicite pour ta prose. J'ai du mal à croire que c'est la première fois que tu te prêtes à cet exercice ! Tu rapportes même le détail des conversations !*
Réponse d'Isa : *Tu me connais, je ne fais pas les choses à moitié !*

Lundi 2 décembre

Ce matin, j'ai été réveillée par la sonnerie du téléphone.

« Bon anniversaire, ma chérie ! s'écrie ma mère. Tu n'es pas déjà partie au travail ?

– Il est six heures et demie ! On est encore couchés ! Et puis mon anniversaire, c'était vendredi !

– Bien sûr, mais on était dans les Laurentides et le téléphone ne passait pas. Bon, on a un petit cadeau pour toi, mais on n'a pas voulu l'envoyer par la poste, on ne sait jamais quand les paquets arrivent…

– Ce n'est pas grave, je réponds, vous me le donnerez au printemps…

– Non, non ! Papa et moi venons passer Noël avec vous !

– Quoi ?

– Puisque vous ne venez pas à Montréal cette année, nous irons à Toronto !

– Mais, et votre voyage en Floride ? ai-je demandé. Vous l'attendez depuis longtemps, votre séjour au soleil ! Vous n'allez pas manquer les deux premières semaines, l'appartement est déjà payé… »

Ce n'est pas que je ne voulais pas voir mes parents, mais… enfin si ! Mon estomac s'est noué à l'idée de partager le même toit pendant plusieurs jours, surtout le toit d'une maison minuscule (merci, Matthew, pour ta générosité pendant le divorce !), et de subir leurs reproches sur les restes qui moisissent dans le frigo à moitié vide, la pile de linge sale qui fait des petits dans la buanderie, et la façon dont j'élève mes enfants. Le pire étant évidemment ce qu'ils taisent, par gêne ou par pitié. Vous aurez deviné le cadavre dans le placard : mon ex, celui dont ils ne prononcent jamais le nom, comme s'il n'avait pas existé. Rien n'y a fait, ma mère a insisté et j'ai cédé. Il faut dire qu'au saut du lit, avant mon café, je n'avais aucune chance !

Je profite de la pause du déjeuner pour échafauder mon plan d'action. Je pratiquerai un accord par jour, en alternance. Puis, une fois le quatrième accord exploré, je reviendrai au premier pour l'approfondir, et ainsi de suite. Ils semblent simples au premier abord, mais étant donné que mon cerveau fonctionne en pilote automatique depuis des années, je sens bien que redevenir consciente de mes pensées, actes, paroles et émotions et apprendre à les contrôler ne va pas être du gâteau. Mettre en œuvre un accord par jour, du moins au début, semble raisonnable.

Mais, concrètement, comment m'y prendre ?

Avoir une parole impeccable signifie, si j'ai bien compris, ne pas utiliser la parole contre soi ni contre les autres. *Bye-bye* les discours négatifs que l'on se tient à soi-même, les « je suis nulle et ma vie n'a aucun sens », ainsi que les commérages sur autrui. Je me demande bien de quoi on va discuter pendant la pause de midi au musée… L'astuce est de parler moins, mais mieux et surtout de se taire si on n'a rien de positif à dire.

Ne pas faire une affaire personnelle de ce que les autres disent et font… Tout un programme ! À moi d'intégrer le fait que leurs paroles et leurs actes sont dictés par leur propre réalité et non la mienne. Comme notre ego nous a conditionnés à tout ramener à nous-mêmes, il faut apprendre à garder du recul (ce que l'autre dit est son problème, pas le mien), et ne pas rentrer dans le jeu d'autrui, ce qui créerait un conflit (se taire semble là aussi une bonne alternative !).

Ne pas faire de suppositions, cela revient à arrêter de se faire des scénarios de fin du monde basés sur des malentendus, mais au contraire les clarifier en communiquant mieux et en posant des questions. Encore une fois, tout ne tourne pas autour de moi, et si Annette, ma manager, ne me dit pas bonjour le matin, ce n'est pas forcément parce que je ne lui ai pas remis les feuilles de calcul dans les délais et qu'elle est sur le point de me mettre à la porte, mais peut-être parce qu'elle ne m'a pas vue, tout simplement.

Le dernier accord nous encourage à toujours faire de notre mieux, ni plus ni moins. Comme ça, pas de *burn-out*, pas de regret et pas de jugement (tels les « je suis nulle » du premier accord). Il faut garder à l'esprit que notre « mieux » varie selon les jours et les situations. À nous d'être vigilants lorsque nous définissons nos objectifs. Surtout, cet accord nous permet de continuer à pratiquer même si nous avons moins d'énergie ou que nous sommes dans un mauvais jour : il n'y a qu'à placer la barre moins haut !

Voilà pour les quatre accords. Don Miguel Ruiz explique aussi dans son livre comment casser nos vieilles habitudes (celles que nous voulons remplacer). Je décide d'intégrer cette partie à ma pratique journalière. Il y a trois façons de se débarrasser de nos coutumes pernicieuses : prendre conscience de chacune de nos peurs et les remplacer par de nouveaux accords, contrôler nos émotions négatives, notamment en pardonnant, et enfin en étant constamment soi-même, sans avoir peur de vivre chaque jour comme si c'était le dernier.

Avant de rentrer chez moi, je passe voir Ellen et Nicole.

« Merci encore pour vendredi soir, les filles ! Cela faisait longtemps que je n'avais pas passé un aussi bon moment.

– Pas de problème, dit Nicole. Contente de t'avoir aidée à passer le cap de la quarantaine !

– Oui, ajoute Ellen, c'était sympa de revoir tes garçons : ils ont vraiment grandi !

– On se refait ça bientôt ?

– Pourquoi pas ? répond Nicole sans trop de motivation.

– OK, dit Ellen, pas vraiment excitée non plus.

– Avant les fêtes ?

– Il faut voir, me dit Ellen, j'ai déjà pas mal de choses de prévues.

– Pour moi aussi, cela risque d'être difficile, ajoute Nicole.

– Bon, on en reparle alors », dis-je en les quittant, déçue par leur manque d'entrain. Moi qui étais prête à retrouver un semblant de vie sociale…

Commentaire de Tamara : *Ça y est ? Tu es prête pour ton défi ? N'oublie pas que les deux questions fondamentales sont : « Qui es-tu vraiment ?» et « Que veux-tu ? ». Puis, une fois que tu te seras (re) trouvée, il te faudra oser être toi. N'oublie pas que tu n'es pas obligée de toujours t'adapter ou même de te sacrifier pour correspondre aux attentes des autres. Je te souhaite un bon voyage intérieur !*

Mardi 3 décembre

Que votre parole soit impeccable

Aujourd'hui, je vais donc explorer le premier accord. Cela commence mal. Dès le petit-déjeuner, je me surprends en plein accès de jalousie quand la radio annonce le gagnant du jeu *Un jour, une destination* qui récompense par un voyage au soleil des personnes qui ont eu une année difficile.

« Ce n'est pas moi qui gagnerais un séjour dans les Caraïbes, je marmonne. Moi aussi j'en ai vu de toutes les couleurs cette année ! De toute façon, je n'ai jamais de chance ! »

Tom me fait remarquer qu'en effet, je ne risque pas de gagner, vu que je ne participe jamais au tirage au sort ! Il a raison, mais je suis incapable de me réjouir pour ces inconnus.

Au musée, je ne fais pas mieux. Nicole s'affale dans le vieux fauteuil délavé face à mon bureau. Elle a dans les mains un dossier, mais à la façon dont elle le triture, je devine qu'elle s'en est munie pour avoir une excuse au cas où Annette passerait par là, et qu'elle ne vient pas parler travail. Ces derniers temps, j'avoue que mon humeur en a découragé plus d'un et que rares sont ceux qui s'aventurent dans mon antre pour me faire la causette. Même mes amies m'évitent ! Et je crains que ma soirée d'anniversaire n'ait pas changé la donne. Encore une fois, je m'aperçois combien l'amitié de mes collègues m'a manqué. Bien sûr, je ne peux m'en prendre qu'à moi-même.

« Je ne supporte plus cet imbécile ! » commence Nicole sans préambule.

Je ne demande pas de qui il s'agit, l'imbécile en question est son collègue de la com' dont elle se plaint depuis son embauche, il y a trois ans.

« Il vient encore une fois de me demander d'écrire une partie de ses articles pour la lettre d'information mensuelle ! Les nouvelles acquisitions, c'est sa responsabilité, pas la mienne !

– Quelles nouvelles œuvres allez-vous mettre en avant ? » dis-je, pour détourner la conversation qui menace l'accord du jour.

Mais elle poursuit :

« Il n'arrive jamais à boucler ses histoires et je dois le couvrir sans arrêt ! Tu as remarqué qu'il est souvent absent ? Soi-disant qu'il fait du télétravail. »

Nicole a raison. Dans un élan de commisération, je réponds :

« Je sais, et même quand il est là, il ne lâche pas son portable ou il prend des pauses à rallonge. »

Oups, et voilà, je mets de l'huile sur le feu des commérages. Qu'est-ce que j'en sais en fait, peut-être qu'il utilise son portable pour ses coups de fil professionnels ? J'en fais part à ma collègue pour me rattraper, mais elle me regarde comme si j'avais dit la bêtise du siècle !

« C'est pour ça qu'il baisse la voix ou sort dans le couloir ? Et puis, même quand il travaille, continue-t-elle, il ne respecte jamais les échéances ! »

Je me tais. En effet, il n'y a pas grand-chose de positif chez son collègue.

« Tu as vu qu'il boitait ce matin ? ajoute-t-elle. Il ne manquerait plus qu'il me laisse tomber pour le reportage sur Christian Morrisseau. On va à Thunder Bay visiter son atelier à la fin de la semaine. »

Ellen fait irruption dans mon bureau. Quand on la met au courant de notre sujet de conversation, elle renchérit :

« Tu te souviens qu'il m'a fait ce coup-là l'année dernière, quand on devait préparer ensemble l'expo sur Teresa Young ? J'ai dû rencontrer l'artiste toute seule et c'est moi qui ai subi ses reproches quand je lui ai présenté les affiches créées par cet idiot qui ne lui plaisaient pas du tout ! Elle n'a pas compris que je n'en étais pas l'auteure et m'a traitée d'incompétente toute la visite ! »

C'en est trop, je n'arrive plus à garder le silence. Alors même s'il ne m'a jamais fait de tort et que je n'ai probablement jamais échangé plus qu'un bonjour/bonsoir avec l'individu en question, je me rallie pleinement à l'avis de mes amies :

« Tu ne vas pas te laisser faire par ce fainéant qui te manipule ! Parles-en à Annette, sinon tu vas encore devoir faire son boulot.

– Et puis, ajoute Ellen, qu'on ne me dise pas que c'est sa vie de famille qui l'occupe et l'empêche de faire son travail. S'il avait une femme, elle ne le laisserait pas sortir comme ça ! Ce n'est pas possible de s'habiller ainsi ! »

Moi, j'aime bien ses fringues, style années 1980, mais neuves, et sans tout le fluo. Enfin bon, c'est vrai que cela fait aussi démodé et ringard.

Le bilan de cette première journée n'est pas brillant. Je n'ai rien de gentil à dire, je n'arrive pas non plus à me taire et je suis trop peu sûre de moi pour assumer mes opinions ! Je suis horrifiée de réaliser que pas un mot positif n'est sorti de ma bouche ces dernières vingt-quatre heures.

Commentaire de Tamara : *Ne te décourage pas, ma belle, ce n'est que le début. Tu te souviens, il faut au moins dix-huit jours pour changer son comportement !*
Réponse d'Isa : *Tu vas vraiment lire tous mes billets ?*
Réponse de Tamara : *Oui, tes progrès m'intéressent !*
Réponse d'Isa : *J'ai plutôt l'impression que ce sont mes déboires qui te passionnent !*

Mercredi 4 décembre

Quoi qu'il arrive, n'en faites pas une affaire personnelle

Aujourd'hui, je m'attaque au deuxième accord. Évidemment, c'est plus facile à dire qu'à faire ! Mon travail est une source d'insatisfaction. Je suis conservatrice au musée d'Art autochtone de Toronto depuis presque dix ans et mon poste n'a jamais évolué. Cela fait des années que je travaille dur sans rechigner, parfois même le week-end, en attendant une promotion qui ne vient pas. J'avoue que je n'ai jamais rien demandé non plus, c'est comme ça que j'ai été élevée. C'est sans doute ce que Ruiz appelle la « domestication ». Mes parents m'ont appris à rester à ma place, à ne pas prendre de risque, à me contenter de ce que j'ai. Alors je suis terrorisée à l'idée de me mettre en avant (la fierté est un péché) et de demander mon dû. Matthew non plus ne m'a jamais encouragée à prendre ma carrière au sérieux. Cela l'arrangeait bien que je n'aie pas un emploi du temps trop chargé pour pouvoir m'occuper des enfants et du dîner !

Pourtant aujourd'hui, je me jette à l'eau. Le deuxième accord promet qu'on peut ouvrir son cœur sans craindre que l'on nous blesse, qu'on peut demander tout ce que l'on veut sans peur d'être ridiculisé ou rejeté. Le secret est de ne pas en faire une affaire personnelle.

Je me lance en entrant dans le bureau de la conservatrice en chef, directrice et dictatrice :

« Annette, puis-je te parler une minute ?

– Mmmmm.

– Voilà, cela fait longtemps que je travaille ici et j'ai énormément appris. »

Pour étayer mon propos, je mentionne une série de projets dans lesquels j'ai excellé en ordre croissant de complexité. Au fur et à mesure que je progresse dans ma liste, je sens que je me libère de mes fausses croyances : je ne suis pas cette employée plus ou moins incompétente, taillable et corvéable à merci ! Mais Annette me coupe :

« Tu sais qu'on arrive à peine à joindre les deux bouts, avec les subventions du gouvernement qui diminuent chaque année et le nombre de visites qui est insuffisant pour combler l'écart. Alors si tu veux une hausse de salaire, ce n'est pas le moment !

– Non, ce n'est pas du tout ça. En fait, j'aimerais que tu me donnes plus de responsabilités...

– Comme quoi ? » me demande-t-elle sans même lever la tête des pages art du *National Post*.

Je ne me laisse pas démonter :

« Je pourrais être plus impliquée dans la recherche de nouvelles œuvres pour le musée, traiter avec les artistes… Tu es débordée, alors ça te soulagerait…

– En gros, tu veux faire mon boulot ?

– Pas du tout ! Je veux progresser, c'est tout ! »

Je suis à présent vraiment mal à l'aise. Je ne sais pas comment j'ai pu penser une seconde que cette conversation aurait une issue positive. Comment ai-je pu imaginer cela ? Je me sens vulnérable d'avoir révélé mes ambitions et montré une partie de moi-même que j'avais jusqu'alors cachée.

« Écoute, ce n'est vraiment pas le moment, comme je te le disais, se radoucit un peu ma patronne. On en reparlera, hein ? »

Je sais bien que l'on n'en reparlera jamais et je suis mortifiée, prête à abandonner le défi. Après tout, c'est à cause de ce livre que j'ai pris le risque de me mettre en avant et que je me suis fait rejeter. Tu parles d'un cadeau ! Puis tout à coup, je comprends : ce n'est pas la conversation, ou même Annette le problème, c'est que j'en fais une affaire personnelle. J'ai laissé ses propos me toucher. En fait, si elle m'écarte constamment des tâches les plus gratifiantes, ce n'est pas que je suis incompétente, mais qu'elle a peur, peur de perdre le contrôle, de perdre de son pouvoir, de ne plus avoir la main mise exclusive sur le musée.

Je me sens un peu moins mal, mais mon problème n'est pas résolu : je dépends d'Annette pour progresser professionnellement.

Commentaire de Tamara : *Tu m'impressionnes !*
Réponse d'Isa : *Il n'y a pas de quoi être fière, je n'ai rien obtenu d'Annette en fin de compte.*
Réponse de Tamara : *Non, mais tu as eu le courage de demander et surtout de ne pas te sentir diminuée par son refus. C'est cela le plus important !*
Réponse d'Isa : *Mouais…*

Jeudi 5 décembre

Ne faites pas de suppositions

Ce troisième accord est clair. Pourtant, encore une fois, je me rends compte à quel point il n'est pas naturel de l'appliquer.

Ce matin, je crois ma chance enfin arrivée quand Annette m'appelle, à la dernière minute. La réunion avec le président de la Banque TD va commencer et elle a besoin de moi. Leurs bureaux situés dans la tour homonyme du quartier des finances regorgent de tableaux et de sculptures d'artistes autochtones contemporains, en particulier ceux de Norval Morrisseau dont nous préparons une rétrospective. Annette comptait sur sa relation avec Steven Lowe, le président, pour emprunter pour quelques mois des chefs-d'œuvre inconnus du public.

Plus excitée qu'une puce sur le dos de Fido, le chien de Nicole, je me dis que le quart d'heure difficile d'hier a porté ses fruits. Pourquoi ai-je attendu plus de neuf ans ?

En fait, il suffit de demander pour obtenir ce que l'on désire. Rien de plus facile !

J'enlève en vitesse mes mocassins usés et glisse mes pieds dans les chaussures à talons que je garde sous mon bureau au cas où. Pas le temps de mettre du rouge à lèvres… Peu importe, ce n'est pas à un rendez-vous galant que je me rends, mais à une réunion. J'attrape un cahier de notes et mon stylo Swarovski qui en jette beaucoup plus que mon vieux Bic et me précipite dans la salle de réunion. Les autres sont déjà là : Liz, la responsable des activités éducatives, David, le fameux gars de la com, et M. Lowe ; mais Annette manque à l'appel. Je rayonne. Je rayonne… et en même temps, je me rends compte que j'aurais bien du mal à nommer une seule des œuvres de Morrisseau que TD a en sa possession, pas plus que le thème exact de l'exposition. J'aurais préféré avoir eu le temps de me préparer. C'est bien le problème avec Annette : elle ne m'implique qu'en fin de projet, quand toutes les décisions importantes ont été prises (par elle) et que le travail de recherche a été effectué (par elle aussi évidemment) et qu'il ne reste plus que les tâches ingrates. Encore une fois, je ne suis pas dans le coup et n'ai rien d'intelligent à dire à M. Lowe une fois les présentations faites.

Mon embarras est de courte durée, car Annette fait très vite irruption, hors d'haleine et le regard paniqué, ce qui ne lui ressemble pas. Quand elle me voit, elle paraît immédiatement soulagée. De mon côté, je suis toujours sur mon petit nuage, m'efforçant d'avoir l'air aussi professionnelle et à ma place que possible. Je tapote mes lèvres avec un kleenex au cas où je serais en train de baver de reconnaissance. Je pardonne à Annette toutes les rebuffades et les humiliations et essaie de me rappeler la date de son anniversaire pour lui commander des fleurs. Je remarque pour la première fois le sapin couvert de minuscules lumières clignotantes qui se reflètent dans la baie vitrée et les flocons délicats collés sur la fenêtre. C'est vrai que Noël arrive à grands pas. Quand je redescends sur terre, je m'aperçois qu'Annette tente de me dire quelque chose :

« Euh, pardon, je n'ai pas entendu…

– Je te cherche partout !

– J'étais ici, dis-je sans trop comprendre.

– Je t'ai demandé de nous préparer du café ! Barb (c'est la réceptionniste) n'est pas là ce matin !

– Ah bon, qu'est-ce qui lui arrive ? »

J'ai encore du mal à réaliser ce qu'elle attend de moi.

« On voudrait du café, s'il te plaît, répète Annette en levant les yeux au ciel ! Steven (elle appelle M. Lowe par son prénom, évidemment) n'a pas toute la journée à nous consacrer ! »

Mes collègues baissent les yeux, M. Lowe se met à trifouiller ses papiers. Je sors le plus dignement possible, sans un mot à cause de la boule dans ma gorge. Comment ai-je pu penser une seconde qu'Annette voulait que je participe à la réunion ? Quel était l'accord du jour déjà ? Ah oui, ne pas faire de suppositions ! Une fois dans la cuisine, je m'aperçois que je ne sais pas comment ils prennent leur boisson alors je prépare un plateau avec quatre tasses de café noir (je choisis celles en forme de bonhomme de neige, renne au nez rouge et elfes que Barb a ressorties pour les fêtes), un pot de sucre, et un carton de crème. Je n'ai aucune envie d'affronter les regards gênés, mais je suis bien obligée d'y retourner, claudiquant dans mes talons inutiles, et me cachant derrière mon grand plateau. En passant devant mon bureau, je tombe nez à nez avec notre collègue de la com qui en sort.

« Je t'ai rapporté ton cahier, me dit-il. Comme ça, tu n'as pas à retourner dans la salle de réunion. »

Sur ce, il me prend le plateau des mains et disparaît.

Mais de quoi se mêle-t-il ?

Commentaire de Tamara : *Tu es vraiment allée à la réunion alors que tu n'y étais pas invitée ?*
Réponse d'Isa : *Tu crois que j'inventerais des histoires aussi humiliantes juste pour que tu te moques de moi ? Je ne suis pas masochiste, je CROYAIS être invitée !*
Réponse de Tamara : *Au moins, tu commences à sortir de ton trou, c'est déjà ça !*
Réponse d'Isa : *Sur ce coup-là, j'aurais mieux fait d'y rester…*

Vendredi 6 décembre

Faites toujours de votre mieux

Dès le petit-déjeuner, je m'efforce de « faire de mon mieux ». La radio propose encore une fois le concours *Un jour, une destination.* Quand Hayley, dont le mari est mort d'un cancer et qui élève maintenant seule leurs trois enfants est déclarée gagnante du jour, je fais tout ce qui est en mon pouvoir pour ouvrir mon cœur et me réjouir pour elle. Les présentateurs l'ont jointe au téléphone, elle pleure de joie. Je sens un tressaillement et un peu de tiédeur au creux de mon estomac, signe encourageant que mon empathie ne m'a pas complètement désertée.

« Tu ne dis rien, maman, me demande Tom ?

– Euh si, je suis contente pour elle…

– Tu progresses », me répond-il.

Et il a raison, c'est mieux, même s'il me reste du chemin à faire ! Et puis faire de mon mieux, justement, ce n'est pas être parfaite.

Depuis l'épisode d'hier, j'en veux à Annette, et ma motivation a baissé en flèche. Je me venge en procrastinant et décide de me consacrer à un autre aspect de ma vie qui a un réel besoin de changement : mes amours. Il y a belle lurette que je n'ai pas été célibataire et je ne sais par où commencer. J'ai besoin des conseils d'une experte qui est par chance à portée de main : Nicole. N'allez pas vous imaginer qu'elle trompe son mari à tout bout de champ, elle est simplement la tante préférée de ses nièces qui lui racontent absolument tout ! Elle est donc au courant des dernières règles du jeu, qui, entre nous, ont bien changé en vingt ans.

Je la trouve dans son bureau en pleine discussion avec Ellen. Des bribes me parviennent par la porte entrebâillée :

« … libre demain…

– … vers 18 h au…

– Ça marche !

– Coucou, dis-je en poussant la porte. J'ai entendu que vous étiez disponibles demain soir ? On se refait quelque chose ensemble ? »

Elles se jettent des regards gênés. C'est vrai qu'une soirée avec moi ne correspond peut-être pas à l'idée qu'elles se font d'un vendredi soir idéal.

« Je sais bien que je suis invivable ces temps-ci et que d'habitude je veux rester seule, mais j'essaie de changer.

– Ce n'est pas ça, rétorque Ellen, j'ai déjà quelque chose de prévu.

– Moi aussi, ajoute Nicole. On essaie une autre fois ?

– D'accord, dis-je étonnée tout en pensant "surtout, ne fais pas de suppositions", même si ce n'est pas l'accord du jour. En fait, je viens te demander des conseils, Nicole, euh, sur les hommes.

– Ça, c'est mon domaine ! s'exclame Nicole. Qu'est-ce que tu veux savoir exactement ?

– Tout !

– Bon, je vous laisse ! » lance Ellen.

La conversation avec Nicole est enrichissante. Dans les grandes lignes, on ne se jette plus des regards doux depuis un banc d'université et on ne passe plus ses pauses à faire des allers-retours en ascenseur pour revoir le gars mignon du huitième étage aperçu trois mois plus tôt. Maintenant, les couples se font en ligne, c'est efficace, rapide et absolument pas romantique ! On s'inscrit sur une demi-douzaine de sites de rencontre, on vante des qualités que l'on ne possède pas, mais qui attireront M. Parfait dans nos filets. On met une photo vieille d'au moins dix ans (quand on a plus de trente-cinq ans) et on annonce la couleur pour éviter les malentendus : « Cherche homme, entre quarante et cinquante ans, ou un peu plus, mais ayant encore tous ses cheveux, pour une relation sérieuse. Tous ceux qui veulent s'éclater une soirée, être amis et plus si affinités ou qui sortent d'une relation qui leur a brisé le cœur, veuillez vous abstenir. » Ensuite, on passe des heures à faire le tri dans les dizaines de messages, clins d'œil et sourires que l'on reçoit, parce que tous les désespérés à cinquante kilomètres à la ronde ont quand même tenté leur chance au cas où, en attendant le prince charmant, on serait d'accord pour « s'éclater une soirée ». Puis, on garde les trois qui n'ont l'air ni de tueurs en série, ni de pervers, ni d'avoir soixante-dix ans, et on commence à échanger en ligne. Cette étape a pour but de s'assurer que les heureux élus sont normaux : ils ont un boulot normal, des goûts (sexuels et autres) normaux et si possible un enfant, ce qui prouve qu'à un moment, ils ont eu une vie de famille normale et donc qu'en principe ils ne sont pas dangereux. Enfin, le moment est venu de les rencontrer en personne.

Là, on leur donne rendez-vous dans un lieu public, au cas où le pervers aurait bien caché son jeu, de préférence un café. Pourquoi ? Parce que si le gars donne envie de partir en courant dès le premier regard et qu'on doit endurer avec lui un dîner de cinq plats ou les quatre étages du Musée royal de l'Ontario, on risque de trouver le temps long (temps précieux que l'on aurait pu passer à boire un verre avec le gars numéro deux ou trois). Donc on a choisi un Starbucks, plus classe que Tim Hortons[2], pour montrer que l'on a du goût. Ensuite, le choix de boisson va dépendre de ce que l'on ressent en posant les yeux sur le prétendant numéro un : s'il est mignon, bien habillé et que ses phéromones font virevolter les papillons dans notre estomac, on commande un *macchiato* glacé avec chocolat et lait de coco. Sinon, on ajuste la taille du breuvage à la première impression.

Quand Nicole a terminé, je suis complètement dépassée. Comment est-ce qu'on s'y retrouve avec toutes ces règles impossibles ? Si trouver un partenaire est devenu un travail à plein temps, je ne suis pas certaine de vouloir signer.

Commentaire de Tamara : *Impressionnant ! Elle a un doctorat en premiers rendez-vous ta collègue ?*
Réponse d'Isa : *C'est bien trop compliqué pour moi ! Tu fais comment, toi ?*
Réponse de Tamara : *Jamais en ligne ! Il faut que je voie le spécimen en chair et en os pour sentir s'il y a une connexion. Mais d'un autre côté, je n'ai pas encore trouvé la perle rare, alors mes conseils…*

Je suis partie tôt du travail à cause de la fête de Noël de l'école. Les garçons ne participent pas au spectacle cette année, mais Olivier s'est porté volontaire pour filmer la traditionnelle comédie musicale et Tom a aidé à l'organisation du marché de Noël dans le gymnase. C'est là où je me trouve avec une demi-douzaine d'autres parents d'élèves, arborant fièrement les couleurs du père Noël et un chapeau d'elfe, derrière une table immense couverte de gâteaux, *cupcakes*, *cookies*, chocolats et créations en *marshmallow*. À moi de vendre pâtisseries et sucreries à tour de bras à des gamins surexcités, au milieu d'un brouhaha assourdissant. Comme je suis déterminée à faire de mon mieux, je garde le sourire quand on me tend des billets poisseux ou qu'on renverse son chocolat chaud sur mon pull de Noël. C'est toujours dans cet esprit que je reste pour l'heure suivante au lieu de rentrer chez moi au calme et de lire en attendant les garçons.

Grand bien m'en a pris, car le père de Jude, un camarade de Tom, célibataire, mignon dans le genre Harrison Ford (du temps des *Indiana Jones*), prend son tour de garde au même moment. Il fait une tête d'enterrement, visiblement tendu dans son costume d'elfe, mais le chapeau vert à pompon blanc lui va à merveille !

« Vous n'avez pas l'air très à l'aise, lui dis-je.

– Cela se voit tant que ça ? C'est ma fille qui m'a supplié de venir, elle faisait partie du spectacle.

– Vous voulez un petit lait de poule[3] pour vous remonter ? lui proposé-je en pointant du doigt une fontaine sous la table.

– Il en faudrait plus pour me remonter…

– Même si je vous dis qu'il contient plus de brandy que de lait ? Assez pour vous mettre dans une bulle de coton, faire disparaître instantanément les cris et vous débarrasser du sentiment d'avoir l'air idiot avec un chapeau d'elfe ! Ce n'est pas que votre chapeau ne vous aille pas, au contraire, je parlais pour moi », m'empressé-je d'ajouter.

Il accepte la boisson et me dit que je ferais un elfe parfait avec mon front cerné de fourrure et mes grelots. Serait-il en train de flirter ? Il semble se dérider et vend quelques parts de gâteau. Quand je me retrouve près de lui à nouveau, il me chuchote à l'oreille qu'il reprendrait bien encore un peu de remontant. On trinque ensemble discrètement, en pouffant comme deux gamins en train de faire une bêtise. C'est sûr, il est bien en train de flirter ! Si je n'avais pas les mains couvertes de glaçage, sucre et chocolat chaud séché, j'enverrais tout de suite un message à Nicole pour lui dire que trouver l'amour loin d'Internet, c'est encore possible ! Quand je lui propose de continuer le service et qu'il accepte, je me vois déjà mariée ! Va-t-il me proposer de nous revoir ce week-end ? Est-ce moi qui devrais faire le premier pas ? Je me rends compte que je ne connais même pas son prénom. Je l'ai toujours appelé « le père de Jude ». C'est idiot de lui demander comment il s'appelle maintenant… Perdue dans mes pensées, je n'ai pas vu arriver mon ex-mari avec Jann, sa nouvelle compagne.

Depuis qu'on est séparés, il participe à tous les évènements organisés par l'école, alors qu'avant, il me laissait généreusement y aller seule. Je me doutais qu'il allait faire une apparition, mais de là à faire du bénévolat… Au lieu de me donner son numéro, mon flirt me plante avec mon bonnet ridicule et mon visage brillant de transpiration pour s'occuper de Jann, tout droit sortie de *La Reine des neiges*, avec son teint parfait, sa chevelure blonde en cascade sur les épaules qu'elle a couvertes d'un châle de cachemire blanc tout soyeux (j'espère qu'il sera bientôt couvert de chocolat !), et moulée dans une robe beige clair qui s'arrête juste au-dessus de ses bottes, assorties à son sac à main bien sûr !

« Je me suis inscrite pour la vente de gâteaux, lui dit-elle.

– Vous êtes au bon endroit, répond-il avec son plus beau sourire. Je vous trouve un tablier et des gants. »

Sous le prétexte de chercher des serviettes en papier, je rejoins le père de Jude. J'essaie d'attirer à nouveau son attention. Tentative perdue d'avance, j'aurais dû m'en douter. Je ne sais pas quoi lui dire pour recréer l'intimité d'il y a trois minutes, mais je sais que si je ne fais rien, tout sera perdu.

« Cela fait une heure et demie qu'on est là. Vous voulez faire une pause ? On pourrait prendre un café quelque part, histoire de récupérer dans un endroit plus calme ? »

J'imagine déjà le *macchiato* glacé avec chocolat et lait de coco géant que je vais commander !

Il me regarde comme s'il avait du mal à me remettre ! Je voudrais disparaître…

« Je vais rester encore un peu, finit-il par dire. Je dois montrer les ficelles du métier à la nouvelle recrue. »

C'est la deuxième fois que je me fais piquer mon homme par Jann ! Le peu d'amour-propre qu'il me reste me dicte de laisser tomber, de rentrer et de lécher mes plaies à la maison.

Morale de la journée : faire de son mieux ne paie pas toujours ; l'accord sur l'impeccabilité de la parole devrait avoir une exception quand une femme vous vole un deuxième homme en moins d'un an, et même si l'invitation à boire un verre ou la demande en mariage du père de Jude n'étaient que des suppositions, j'aimerais qu'on m'explique comment ne pas en faire une affaire personnelle !

Commentaire de Tamara : *Sans commentaire !*
Réponse d'Isa : *C'est tout ce que tu as à dire ?*
Réponse de Tamara : *Tu ne m'as jamais dit que Jann était aussi sexy !*
Réponse d'Isa : *Je préfère encore quand tu ne dis rien.*
Réponse de Tamara : *Allez, ce n'était pas ton jour. Quel est l'accord de demain ?*
Réponse d'Isa : *Tu verras bien !*

Samedi 7 décembre

Briser les vieux accords en redevenant soi-même

Afin de faire de la place aux quatre accords, il faut casser ceux qui nous emprisonnent et nous rendent malheureux. Une des façons pour y arriver est de redevenir nous-mêmes. C'est la plus difficile, selon Ruiz, mais aussi la plus positive et, aujourd'hui, j'ai besoin de positif. J'ai envie d'une journée remplie de bons moments avec les garçons et d'activités *feel-good* au lieu des traditionnelles fins de semaine surchargées et des listes de corvées longues comme le bras. Pour une fois, je me concocte le samedi de mes rêves. J'appelle les garçons :

« Les choux, venez m'aider à préparer le petit-déjeuner ! On va faire des *smoothies*, des flocons d'avoine avec des noix et des fruits secs, des œufs, et des toasts avec du beurre et du miel ! »

Évidemment, ils font grise mine : ils veulent leurs céréales enrobées de sucre et leurs gaufres surgelées qui baignent dans du sirop d'érable ! Mais la meilleure version de moi-même est une mère qui sait imposer les bonnes habitudes (ils me remercieront plus tard) ! Au lieu de partir chacun de notre côté avec notre assiette, nous nous asseyons à table pour discuter des menus de la semaine à venir, puis je passe une commande en ligne pour me faire livrer à domicile plus tard dans la journée ! Du coup, j'ai le temps de faire de l'exercice. Je ressors mes vieux DVD de Zumba, puis me souviens que je ne sais pas faire fonctionner le lecteur. En fait, je ne sais même pas à quoi il ressemble ! Parmi les cinq boîtiers au pied de la télé, aucun n'a une fente d'environ douze centimètres de long.

« Les chéris ! Où est le lecteur de DVD ?

– On n'en a plus ; papa l'a embarqué ! Utilise la PlayStation à la place ! » crie Tom depuis sa chambre.

Bien sûr, personne ne se déplace pour venir à mon secours ! Qu'à cela ne tienne, le vrai moi sait se servir des appareils électroniques modernes. J'identifie la fameuse PlayStation grâce au P sur un des boîtiers et effectivement, si on regarde bien, il est possible d'introduire un disque. En revanche, l'appareil l'avale, mais rien ne se passe.

Je crie : « Ça ne marche pas !

– As-tu allumé la télé ? » La question me parvient des profondeurs du sous-sol.

Je me demande laquelle des trois télécommandes est la bonne. Aucune n'a de marque particulière permettant de l'identifier comme celle que je cherche. Tom vient à ma rescousse, en soupirant :

« Mais maman, dit-il, pour mettre en route ton DVD, il faut utiliser le *joystick* de la console, pas les télécommandes ! Tu vois, tu appuies sur le A et ça marche. »

Ben oui, suis-je bête, pourquoi n'y ai-je pas pensé plus tôt ?

Un peu plus tard, j'invite Olivier à m'accompagner au match de hockey de son frère. Bien sûr, il refuse. Mais je m'y étais préparée et utilise la ruse :

« Je voudrais que tu le filmes pour analyser son jeu. »

Olivier adore faire des vidéos et les éditer.

« Tu peux le faire toi-même avec ton téléphone, tu sais », proteste-t-il mollement avant de mordre à l'hameçon.

Cela lui donne une excuse pour reporter la lecture de *Great Expectations* ! Filmer ne prête pas vraiment à la conversation, mais je suis contente d'avoir mon grand avec moi. C'est si dur de le sortir de sa chambre ! Et puis, le petit film donnera lieu à de bonnes discussions entre frères.

De retour à la maison, je continue mon programme spécial « vrai moi ». Car, oui, je suis aussi une femme cultivée (et pas seulement en art autochtone). Je me rends au musée des Beaux-Arts de l'Ontario pour passer une heure avec Rubens et, par la même occasion, je m'offre une carte de membre pour être sûre d'y retourner régulièrement. Dans l'idéal, les enfants de la meilleure version de moi-même sont aussi intéressés par les arts et la culture, mais pour une première journée, il ne faut pas exagérer ! Et puis pendant que je m'instruis, mes deux ados ont pour consigne de nettoyer leur chambre et leur salle de bains, car le vrai moi n'est plus la « boniche » !

Quand je rentre, ils sont affalés sur le canapé, morts de faim ! Évidemment, ils n'ont pas préparé le dîner (tu nous avais juste dit de faire le ménage !), alors nous commandons des pizzas.

« On ne te reconnaît plus, maman ! » fait Tom.

C'est vrai que les pizzas, je n'en commande jamais. C'était une gâterie de leur père. Moi, je cuisine. C'est meilleur marché et, au moins, je sais ce que je mets dedans. Mais je dois apprendre à être moins rigide ! J'espère juste que la mozzarella contient plus de fromage que de plastique !

Après quoi, je consacre une heure à faire ma part du ménage et une lessive, puis me mets au lit avec un bouquin. Meilleure journée depuis une éternité !

Commentaire de Tamara : *Tu n'as pas mis longtemps à te remettre de tes déboires avec le père de Jude !*
Réponse d'Isa : *C'est vrai, j'avais complètement oublié ! Ce n'est pas comme s'il m'avait brisé le cœur, juste un peu humiliée… Je crois que j'ai envie d'apprendre à être heureuse même en étant célibataire. Cela me paraît moins compliqué et, cerise sur le gâteau, je peux commencer tout de suite. Qu'est-ce que tu en penses ?*
Réponse de Tamara : *Tu prêches une convertie !*

Dimanche 8 décembre

Briser les vieux accords en redevenant soi-même

Je veux absolument revivre une telle journée ! Être soi-même est une des clés du bonheur ! Je décide donc de poursuivre cet accord un jour de plus. Après tout, je suis libre de décider des règles que je me donne ! Mon vrai moi a une famille unie et chérit les traditions des fêtes de fin d'année que mes enfants et petits-enfants perpétueront à leur tour. J'imagine déjà les générations futures se passer les recettes et les décorations de grand-mamie Isa ! Je choisis de ne pas me laisser démonter par le fait que nous ne serons que cinq et de considérer la taille plutôt maigrichonne de ma famille comme une chance : il est ainsi plus facile d'entretenir de riches relations avec chacun, et le festin sera d'autant plus grand.

Comme aujourd'hui j'ai les deux garçons sous la main, je commence par eux ! Néanmoins, la difficulté dans les rapports avec les autres, c'est que, justement, ils dépendent d'autrui et que s'il n'y en a qu'un (moi en l'occurrence) qui y met de la bonne volonté, le résultat est bancal ! Si mes ados ont coopéré hier, il ne faudrait pas trop leur en demander ! Je les appelle dès le petit-déjeuner englouti :

« Les garçons, réunion de famille pour préparer Noël, maintenant, au salon !

– J'ai des devoirs, répond Tom

– Je n'ai pas trop le temps non plus », renchérit Olivier.

Moi qui imaginais une matinée joyeuse à se mettre dans l'esprit des fêtes avec une séance de remue-méninges, des listes, un planning avec les tâches de chacun, je déchante vite.

« Bon, dis-je en cachant ma déception, je vais y réfléchir et on en parlera ensemble pendant le repas. Au moins, on aura un sujet de conversation ! »

Ce n'est pas parce ma famille s'est réduite que les fêtes doivent être tristes et ennuyeuses. Cependant, un Noël réussi sans une flopée d'enfants qui courent partout, un oncle qui raconte des blagues et une cousine qui s'assied au piano, cela demande un minimum d'organisation. Je suis déterminée à ce que cette fête soit plus qu'une journée où l'on récolte des cadeaux. Même si cogiter pour inventer de nouvelles traditions n'excite pas mes garçons, ils seront contents plus tard d'avoir de merveilleux souvenirs de nos Noëls d'antan, n'est-ce pas ? Je me motive comme je peux…

Après moult délibérations, à la fin du repas nous avons notre liste : un menu de réveillon concocté à trois, chacun cuisinant le plat qu'il aura choisi, un échange de petits cadeaux pour que les enfants apprennent aussi à donner, une liste à établir de tous ceux qui ont été là pour nous au cours de l'année et que l'on remerciera avec une carte (chauffeur du bus scolaire, ami, voisin qui déneige notre trottoir…), une rétrospective des bons moments de l'année avec un montage photos (on remarquera mon effort à trouver du positif même dans une année comme celle-ci !) et un livret d'airs de Noël à chanter ensemble. Puis j'annonce le programme de l'après-midi, qui, je le croyais, allait plaire à tous : du patinage.

« On est obligé d'y aller ? me demandent mes rejetons.

– Oui, le but est de passer du temps en famille, pas de faire du patin toute seule pendant que vous restez chacun dans votre chambre !

– J'ai prévu d'aller chez Greg, me rappelle Olivier.

– Je n'ai pas oublié ! On sera rentrés bien avant seize heures. Allez vous préparer ! »

Je ne sais pas ce qu'ils font, parce que choisir entre un pantalon de survêtement noir ou gris foncé, attraper un pull et enfiler des chaussettes leur prend autant de temps qu'une fille qui se prépare pour le bal de promo ! J'aurais eu le temps de me lancer dans une séance de Zumba ou de plier le linge !

Quand nous y arrivons, la patinoire est bondée. Les gens n'ont donc rien de mieux à faire un dimanche après-midi ? Il y a pourtant du football à la télé et les centres commerciaux sont ouverts ! Le ciel est couvert, la bise fait descendre la température à -10 °C et il est difficile de se réchauffer quand on patine à la vitesse d'un concombre de mer pour éviter les débutants avec leur pousse-pousse et les couples qui se tiennent la main.

« On rentre quand, maman ? demande Tom.

– On vient d'arriver !

– Oui, mais combien de temps on va rester ? s'inquiète son frère.

– Je ne sais pas… Une demi-heure…

– Et ça fait combien de temps qu'on est là ? demande Tom.

– Regardez comme c'est beau, on se croirait dans une boule à neige », leur fais-je remarquer pour les motiver.

Les flocons se sont mis à tomber, recouvrant rapidement la grisaille de la ville et *It's Beginning to Look a Lot Like Christmas* fait vibrer les haut-parleurs aux quatre coins de la patinoire. On s'attend presque à voir Rudolph, le petit renne au nez rouge, jaillir de derrière un sapin !

Olivier a oublié son bonnet et Tom a pris une paire de gants trop fins. Quand je prends conscience qu'avec mon équipement digne d'une expédition arctique je commence à être gelée, ils me font un peu mal au cœur. Mais ils ne se plaignent pas, sûrement parce que leurs lèvres sont paralysées par le froid, comme les miennes. Je mets fin au calvaire au bout de trente minutes.

Au retour, nous restons coincés dans les bouchons et arrivons à la maison à seize heures quarante-cinq. J'imagine qu'Olivier ne m'adressera pas la parole de la soirée, même après la promesse d'un dîner de gaufres avec de la crème chantilly devant le film de son choix… Mon vrai moi devra apprendre à sortir un jeu de société quand il fait -10 °C et qu'on est limité par le temps ! Pour les traditions de Noël impérissables, on repassera !

Commentaire de Tamara : *On ne peut pas être super maman tout le temps !*
Réponse d'Isa : *Oui, c'est épuisant !*

Lundi 9 décembre

Que votre parole soit impeccable

Un évènement au musée me permet de mettre en pratique l'accord numéro un. Vers dix heures ce matin, des cris nous parviennent depuis le bureau de Patricia, la responsable des ressources humaines. Un petit attroupement se forme dans le couloir. Il est difficile de comprendre ce qui se passe derrière la porte, mais le fait qu'elle soit fermée signifie que quelqu'un est en train de passer un mauvais quart d'heure.

« Mais qui est à l'intérieur ? » demandais-je ?

Je me rappelle mon accord du jour une seconde trop tard. J'aurais mieux fait de me taire et de retourner à mes reçus. Je me défends intérieurement : mais non, c'est une question innocente justifiée par une inquiétude réelle.

On se regarde tous. Qui manque-t-il ? Chacun s'assure que ses collègues sont parmi la petite troupe. Non, on ne voit pas. Tout le monde est là, à part notre collègue de la com qui a fait une apparition, mais s'est vite éclipsé, comme si ce qui se passait derrière cette porte ne le regardait pas.

De l'autre côté du mur, les éclats de voix qui s'étaient calmés reprennent de plus belle. On reconnaît la voix de Patricia – assez facilement puisque les cris proviennent de son bureau – et aussi celle d'Annette ! Il est toutefois impossible de suivre la conversation. Et puis soudain, des sanglots.

« C'est Sara ! » s'exclame Ellen.

La tension retombe un peu, on est soulagé que ce ne soit pas un ami. Sara est la graphiste, une solitaire qui n'a jamais fait l'effort de participer aux sorties ou aux activités non directement liées à son travail. Personne ne la connaît vraiment, mais les langues vont bon train :

« Elle est sûrement en train de se faire renvoyer », dit quelqu'un.

Ça y est, les commérages commencent. Le nouveau moi vient à la rescousse en tentant de rediriger la conversation vers une raison moins incriminante pour notre collègue.

« Mais non, il y a peut-être simplement un problème avec une brochure, dis-je, consciente du fait qu'en respectant le premier accord, je brise le troisième en faisant des suppositions !

– Si Patricia est sollicitée, il s'est passé quelque chose de grave. Vous croyez que Sara a falsifié ses reçus d'opticien afin de se faire rembourser pour des lunettes et lentilles qu'elle n'a pas achetées comme les employés de cette maison de retraite qui ont fait les gros titres des journaux il y a quelques mois ? »

Je proteste : « Arrêtez ! On n'en sait rien, ce ne sont que des spéculations !

– Moi, ça ne m'étonnerait pas, continue Nicole, ignorant ma remarque. Vous avez vu les hôtels qu'elle s'offre ? J'ai aperçu les photos de ses dernières vacances, et je peux vous dire qu'elle ne se prive pas !

– Avec les dons et les impôts de nos concitoyens, ça me dégoûte ! s'exclame quelqu'un.

– Son mari a peut-être un gros salaire, dis-je dans une tentative d'apaisement.

– Qu'est-ce qu'il te prend de la défendre bec et ongles tout d'un coup ? Tu es de mèche avec elle sur le coup des faux reçus ? »

Tout le monde rit…

« J'essaie juste d'être…

– Quoi ? Meilleure que nous ? » propose Ellen.

Mince, ils sont tous ligués contre moi à présent. Mes collègues s'éloignent par groupes en continuant leurs ragots tous plus venimeux les uns que les autres. Je reste seule derrière la porte, qui soudain s'ouvre sur Sara en larmes. Patricia et Annette, le visage dur et les lèvres pincées, écarquillent les yeux de surprise en me surprenant en train d'espionner effrontément.

J'arrive à articuler : « Ah ! Annette, je te cherchais », certaine que la panique dans mon regard se voit comme une verrue sur le nez de Jessica Simpson.

« Eh bien, je suis là, me répond-elle, sans prendre la peine de déguiser son mépris.

– Je vais chercher le document que j'ai imprimé pour toi et je reviens », dis-je.

J'ai l'impression que devenir une personne meilleure va finir par me coûter mes amies et mon boulot ! Je ne peux pas prendre ce risque ! J'ai négligé Nicole et Ellen pendant des mois, et je commence juste à les retrouver et à réaliser combien leur amitié compte pour moi. Il faut que je le leur dise. Je les trouve toutes les deux dans le bureau de Nicole en train de continuer la conversation commencée dans le couloir.

« Si Annette met Sara à la porte, cela prouve que la situation est pire que ce que l'on pensait, dit Ellen.

– Oui, acquiesce Nicole, ça me conforte dans ma décision.

– Ça fait peur, quand même, répond Ellen.

– Coucou ! dis-je en passant la tête dans l'entrebâillement de la porte. Je ne vous dérange pas ? Je viens juste m'excuser, et…

– Entre, m'invite Nicole.

– Bon voilà, je suis désolée pour mon attitude des derniers mois. C'est vrai que je me suis éloignée. Je pensais que j'avais besoin d'être seule, mais après ma soirée d'anniversaire, je me suis rendu compte combien j'avais besoin de vous. Malgré mon attitude, vous ne m'avez pas abandonnée. Au contraire, vous vous êtes même démenées pour m'organiser une fête. Je voulais que vous sachiez à quel point j'en suis heureuse.

– La fête, c'était l'idée de Tamara, dit Ellen.

– Peu importe, vous étiez là, c'est ce qui est important. Ensuite, je voulais vous expliquer autre chose… Tamara m'a lancé un défi que je dois relever avant le début de la nouvelle année. C'est pour cette raison que je vous parais peut-être un peu différente…

– Comment ça, un défi ? demande Nicole.

– Je dois m'efforcer de me créer une vie meilleure en suivant les principes exposés dans le livre qu'elle m'a offert. *Les Quatre Accords toltèques*, vous connaissez ? Aujourd'hui, je tente de ne pas dire du mal des autres, c'est pour cela que j'ai pris la défense de Sara… »

Ellen me coupe :

« Tu es consciente qu'on a tout fait pour te remonter le moral après le départ de Matthew ? En réponse, tu nous as écartées de ta vie. Et neuf mois plus tard, tu te rends compte que tu as besoin de nous, et on est censées t'accepter avec tous tes changements bizarres ? Tu étais où, toi, quand on avait besoin de toi ? »

Sur ce, elle sort du bureau. Je suis en état de choc. D'où vient tout ce ressentiment ? On s'est vues tous les jours au musée, on s'est fait la bise chaque matin et on a échangé des dizaines de fois pendant nos pauses sans que je m'aperçoive qu'elle avait tant d'animosité envers moi.

« Elle ne pense pas vraiment ce qu'elle vient de dire, tente de me rassurer Nicole. Pour elle aussi, les derniers mois ont été durs.

– Comment ça ?

– C'est à elle de te le raconter, si elle en a envie, mais en deux mots, sâkowêw[4] est partie avec son copain et elle ne donne plus signe de vie depuis juillet. »

Encore une fois, je reste sans voix. Son aînée, sâkowêw, qui vient d'avoir dix-huit ans, sa fierté, la jeune fille dont tous les parents rêvent : magnifique avec ses boucles brunes et ses grands yeux gris, studieuse, intelligente, généreuse. Comment en était-elle arrivée là ? Je ne savais même pas qu'elle avait un petit ami…

« sâkowêw est tellement… parfaite. Qu'est-ce qui a bien pu se passer ? Pourquoi est-ce que vous ne m'avez rien dit ?

– Parce que tu avais réduit nos conversations à des banalités autour de la machine à café ! On ne t'intéressait plus.

– Je ne suis quand même pas aussi égoïste que ça, dis-je pour me défendre. Je ne vais pas bien en ce moment, mais vous avez toujours été dans mon cœur !

– Alors tu n'as pas oublié l'anniversaire d'Ellen demain ? »

Eh bien oui, j'ai oublié…

Commentaire de Tamara : *En ce qui concerne l'accord du jour, tu t'es bien débrouillée ! En revanche, tu mérites la palme de l'amie la plus pourrie !*
Réponse d'Isa : *Encore une fois, ma chère, je préférerais que tu t'abstiennes de commentaires si tu n'as rien de réconfortant à dire ! Ou toi aussi, tu risques de la remporter bientôt, cette palme !*
Réponse de Tamara : *Je ne dis rien.*

Mardi 10 décembre

Quoi qu'il arrive, n'en faites pas une affaire personnelle

Aujourd'hui, je m'efforce de ne pas réagir de façon personnelle en gardant à l'esprit que si les autres m'insultent, me critiquent ou me manquent de respect, cela reflète leur réalité, pas la mienne.

Lors de la pause de midi, je sors pour acheter des pâtisseries à Danish Pastry House. Ce sont les préférées d'Ellen et le moins que je puisse faire pour son anniversaire. Le magasin se situe à *Union Station*, la gare principale de Toronto où arrivent une ligne de métro, les trains de banlieue et les trains nationaux.

J'affiche le plan de l'endroit sur mon téléphone, il ne me reste plus qu'à suivre le point bleu. Je fais quelques pas le long du couloir, mais la direction n'est pas la bonne. Je fais demi-tour et commence à marcher en sens inverse, les yeux rivés sur l'écran. Le point tarde à se mettre en route, puis suit une diagonale qui finalement traverse un mur.

Malheureusement, je ne suis pas un fantôme ! J'aperçois un autre étage, de l'autre côté des constructions. En effet, la gare est en chantier avec des tunnels temporaires en contreplaqué et des affichettes en papier qui remplacent les pancartes directionnelles. Je comprends pourquoi mon GPS en perd son latin. L'heure tourne et je vais finir par être en retard pour ma réunion de 13h. J'ai dix minutes pour trouver l'endroit avant de devoir rebrousser chemin. Autour de moi, la foule se meut de manière délibérée, comme si tous ces gens savaient où ils allaient, alors que de mon côté, j'ai l'impression d'avoir perdu le nord ! Je tente d'accoster une jeune femme, mais elle détourne le regard et accélère le pas. Tout le monde est pressé et marche la tête baissée. On me bouscule. Je me répète qu'il ne faut pas que je prenne cela personnellement, mais je suis encore sous le coup de ma dernière conversation avec Nicole et Ellen et je me sens particulièrement vulnérable. Les larmes me montent aux yeux. Je voulais faire quelque chose de gentil pour mon amie et je vais devoir rentrer bredouille… Ce qui est impensable, après ce qu'elle a fait pour mon anniversaire, la moindre des choses est de lui ramener ces fameux gâteaux ! Je me dirige au hasard dans un couloir tout en sachant que l'endroit est un vrai labyrinthe et que les chances de tomber sur le magasin sont inexistantes, mais je ne sais pas quoi faire d'autre. Et puis soudain, je me retrouve nez à nez avec un agent des transports en commun.

« Excusez-moi, je cherche la Danish Pastry House.

– Vous continuez le long de ce couloir, et c'est juste au coin sur votre droite, répond-il en pointant dans la direction d'où j'arrive.

– Non, c'est impossible, regardez, la pâtisserie est censée se trouver dans le hall d'arrivée », lui dis-je en montrant la petite flèche rouge sur mon téléphone. Mais mon doigt effleure l'écran et la page se ferme. L'homme s'apprête à me planter là, mais je le retiens :

« Attendez, je la retrouve tout de suite ! »

Il regarde sa montre d'un air impatient qui n'est pas sans me rappeler la façon dont me regardait mon ex-mari quand je faisais quelque chose de stupide. Ce n'est pas comme s'il avait quelque part où se rendre en urgence, l'énorme H sur son gilet de la compagnie indiquant clairement que son rôle est d'aider les gens ! Mais il se fait accaparer par un groupe de touristes japonais qui l'entraînent avec eux.

Je me sens misérable, seule et incapable. Si je ne suis même pas fichue de me repérer dans une gare, alors comment puis-je m'imaginer avoir des responsabilités plus importantes au travail, regagner l'amitié de mes collègues et le respect de mes enfants, ou même blâmer Matthew de m'avoir quittée ? Je suis une idiote qui mérite sa vie médiocre. Je décide de rentrer. Heureusement, des affiches indiquent clairement la façon de se rendre à la ligne 1 du métro. Il n'y a qu'à suivre les fléchettes, qui me mènent tout droit à la pâtisserie que je cherche depuis une demi-heure !

Quand j'offre les viennoiseries à Ellen, elle me serre dans ses bras et cela vaut bien le cauchemar que je viens de vivre ! Comme je ne sais pas si elle a envie de me parler, je lui glisse une petite carte pour lui dire combien la tragédie qu'elle vit me touche, et que je suis là si elle a besoin de moi.

Après le travail, je me rends au magasin Apple pour acheter un stylet que j'offrirai à Olivier pour Noël. Aucun problème pour trouver l'endroit cette fois, impossible de manquer la pomme gigantesque à l'entrée du centre commercial ! Un vendeur m'aborde :

« Je cherche un iPad Pen, lui dis-je.

– Un iPad Pen ? »

Encore un qui me regarde comme si je n'avais pas inventé l'eau chaude.

« Vous voulez dire un iPad Pencil ?

– Oui, c'est bien ce que j'ai dit, rétorqué-je en m'efforçant de garder mon calme.

– Bon, lequel voulez-vous?

– Il y en a plusieurs ? »

Je respire profondément, presque au bord des larmes pour la deuxième fois de la journée.

« Mais oui, me répond-il en prenant lui aussi une grande inspiration. Cela dépend de votre iPad : le *pencil* 2e génération est compatible avec l'iPad Pro 11 pouces et l'iPad Pro 12,9 pouces. En revanche, si vous avez un iPad Mini ou un iPad Air, il vous faut un *pencil* 1re génération. Attention aussi avec l'iPad Pro 12,9 pouces, les modèles 2015 et 2017 ne sont compatibles qu'avec le *pencil* 1re génération. »

Il me fixe en attendant une réponse et je me sens vraiment désemparée. Le magasin est bondé, son téléavertisseur n'arrête pas de biper et je lui fais perdre son temps. Je ne sais absolument pas quel iPad Olivier possède.

« Alors, lequel désirez-vous ? »

Je me rends compte que j'ai le choix : soit me mettre à pleurer au milieu du magasin, soit arrêter de réagir personnellement. Le vendeur est impatient et peu serviable, mais cela n'a rien à voir avec moi : il aurait dû choisir un autre métier s'il ne supporte pas les clients. D'accord, je n'y connais rien en technologie, mais cela n'est pas une raison pour ne pas être aimable. J'ai beaucoup d'autres qualités et je suis incollable en art autochtone.

Je lui demande : « Vous savez quelle tribu autochtone a sculpté les quatre totems exposés au ROM ?

– Pardon ?

– Eh bien, c'est comme votre Apple Pen. Il y en a plusieurs en fait. Alors, laquelle est-ce, les Haïdas ? Les Cris ? Vous ne savez pas ? C'est comme moi et l'Apple Pen…

– Ce n'est pas un Apple Pen, c'est un Apple Pencil, insiste-t-il.

– Je m'en fiche ! » dis-je en tournant les talons et en sortant sans rien acheter.

Je le commanderai en ligne avec l'aide de Tom !

Commentaire de Tamara : *Mauvaise journée, hein ?*
Réponse d'Isa : *Tu es sûre d'avoir bien tout lu ? J'ai quand même eu un câlin d'Ellen !*

Mercredi 11 décembre

Ne faites pas de suppositions

Aujourd'hui, il m'est arrivé une chose incroyable : le père de Jude (Noah de son vrai nom) m'a invitée à prendre un verre ! Oui, oui, mon premier « rendez-vous » après plus de vingt ans ! Ça ne s'est pas passé exactement comme je l'imaginais, et – attention : révélation susceptible de gâcher le reste de l'article – je suis toujours aussi célibataire que ce matin en me réveillant ! Mais c'est la preuve que tout n'est pas perdu côté cœur et que je suis encore attirante malgré mon grand âge (à moins qu'il n'en veuille à mon argent, bien sûr) ! Ma vie amoureuse quitte lentement son état larvaire !

Noah, donc, a trouvé mon adresse email dans la liste des parents d'élèves distribuée en début d'année par le professeur principal de la classe et me propose d'aller boire ce café « dans un endroit calme ». Je n'ai pas pris le risque de demander des explications sur ce revirement inattendu, je ne voulais pas laisser échapper cette deuxième chance tombée du ciel. J'ai perdu l'habitude des hommes de plus de seize ans, il est possible que j'aie mal interprété les évènements à la fête de l'école. Avant d'envoyer ma réponse, je repense aux conseils de Nicole :

1. vérifier qu'il n'est pas marié : oui, selon la rumeur, confirmée par le fait qu'il ne porte pas d'anneau à l'annulaire gauche ;
2. âge approprié : oui, il a un fils de l'âge du mien et des cheveux grisonnants aux tempes ;
3. points communs : oui, enfin un pour l'instant – on est tous les deux attirés par les elfes ;
4. les « pour » : il y en a trop pour tous les mentionner ici, mais le fait qu'il ait un air d'Harrison Ford est en haut de la liste ;
5. les « contre » : c'est le père du camarade de Tom et je ne sais pas comment réagira mon fils à l'annonce que Jude va devenir son demi-frère. Enfin, on n'en est pas encore là !

Bref, aucun signal d'alarme sérieux, il est parfait. Toujours selon les conseils de ma collègue, j'attends une heure avant de répondre pour ne pas paraître désespérée, mais pas plus au cas où il prendrait d'autres engagements. J'avoue que j'ai bien besoin de tout ce temps pour préparer mon message ! Nous convenons de nous retrouver juste après le travail (heureusement, aujourd'hui, j'ai plusieurs réunions importantes et je porte une jolie tenue), et je le laisse choisir le lieu par peur de faire un faux pas : tout est allé trop vite pour que j'aie le temps de consulter Nicole sur les lieux à la mode, mais, entre nous, je ne veux pas me retrouver dans un bar branché entourée de jeunes dans la vingtaine ! Et puis cela me permettra de découvrir un peu ses goûts et me donnera une idée du genre de rendez-vous qu'il a en tête : le lieu en dit long sur les intentions.

Le pub Loose Moose est bondé, bruyant et de mauvais goût. À moins de mettre ma bouche contre son oreille (malheureusement, on n'en est pas encore à ce stade), je dois crier pour me faire entendre, et cela tue un peu le romantisme. J'avoue que j'aurais préféré le bar branché, au moins j'aurais pu siroter un cocktail digne de ce nom. Ici, c'est bière ou alcool fort, rien de sucré ou d'exotique ! On commande donc deux Heineken. Il descend la sienne en moins de dix minutes et en commande tout de suite deux autres.

« Tout va bien ? Tu ne bois pas ? me demande-t-il d'un ton ennuyé en voyant que j'ai à peine entamé la première.

– Si, si, cette bière est vraiment ce dont j'avais besoin après une journée de boulot !

– Quoi ? »

Je renonce à répéter ma phrase, de toute façon, je n'ai plus de voix. Je lève mon pouce pour signifier que tout baigne, en me disant que, tout bien réfléchi, je préférerais être chez moi. Avec ou sans lui, en fait ! Nous buvons nos bières dans un silence amical. Parfois, nos regards se croisent et il me semble voir de l'intérêt dans ses yeux. Bon, tout n'est peut-être pas perdu. Je manque d'expérience et les choses ont changé. Il se peut qu'à mon insu, le pub soit devenu un endroit approprié pour un premier rendez-vous, et s'enivrer ensemble, une preuve de complicité. Pourtant, la situation me chagrine et je n'arrive pas à me détendre. Je me sentais bien plus à l'aise à la fête affublée d'un costume ridicule. À nouveau, l'accord du jour me revient à l'esprit : ne fais pas de suppositions. Ruiz conseille de poser des questions pour éviter les malentendus et les déceptions dans les relations amoureuses. Mais avant tout, il faut qu'on sorte de cet endroit. Je n'ai pas le choix, il me faut prendre le taureau par les cornes.

« Tu veux sortir et marcher un peu ? »

La soirée est douce pour décembre et j'aime déambuler en ville, surtout à cette époque de l'année où les quartiers brillent de mille lumières et où flottent dans l'air des odeurs de cannelle et de clou de girofle.

« Tu n'as pas fini ta bière... »

Zut, et moi qui me voyais déjà accrochée à son bras avec un cornet de marrons grillés et un verre de vin chaud ! Je repense aux paroles de Tamara : *Les deux questions fondamentales sont « Qui es-tu vraiment ?» et « Que veux-tu ? ». Puis une fois que tu te seras (re) trouvée, il te faudra t'affirmer. N'oublie pas que tu n'es pas obligée de toujours t'adapter ou même te sacrifier pour correspondre aux attentes des autres.* C'est vrai, et puis cela me donne l'occasion de lui donner une petite leçon.

« En fait, je crois que je n'en ai pas envie. Désolée, mais tu l'as commandée sans me demander. Et puis, tu sais, je préfère les endroits un peu plus calmes, où l'on n'est pas obligé de hurler. Et si on boit comme des trous, comment veux-tu qu'on apprenne à se connaître ? »

Il me fixe sans rien dire, le regard vide. Peut-être que je me suis trompée sur toute la ligne et qu'il ne s'intéresse pas à moi. Est-ce que j'ai encore fait des suppositions sans en être consciente ? Il faut que j'en aie le cœur net.

« As-tu envie de me revoir ? Je préfère que ce soit clair, je ne veux pas attendre un coup de téléphone qui ne viendra pas.

– Mais de quoi est-ce que tu parles ? » me demande-t-il.

J'ai du mal à savoir s'il ne comprend rien à cause du bruit ou si c'est parce qu'on n'est pas sur la même longueur d'onde…

Je répète : « As-tu envie de me revoir ?

– Il faut que j'y aille », me dit-il en se levant tellement brusquement qu'il se cogne dans la table, faisant déborder le verre que je n'ai pas touché.

Puis il se dirige vers la porte sans se retourner ni payer ! Je me dis que c'est la preuve que ce n'était pas le bon, mais quand même !

Commentaire de Tamara : *Tu as encore besoin d'un peu d'entraînement ! Nicole ne t'a pas appris à être plaisante lors du premier rendez-vous ?*
Réponse d'Isa : *Ce fiasco est entièrement de ta faute ; je pratiquais l'accord sur les suppositions ! Au moins, je suis fixée : ça n'aurait pas marché entre nous. Il vaut mieux s'en rendre compte maintenant qu'une fois mariés !*

Jeudi 12 décembre

Faites toujours de votre mieux

Faire de mon mieux est le mantra de cette journée. En d'autres termes, je dois m'efforcer de mettre tout mon cœur à l'ouvrage et appliquer les trois autres accords à chaque instant. Je crois que je commence à prendre le rythme !

Ce matin, Annette a une grande nouvelle à m'apprendre : comme je veux plus de responsabilités, j'aiderai dorénavant Liz dans les activités éducatives organisées par le musée. C'est de la provocation ! Je demande à être plus impliquée dans les projets de conservation et le choix des œuvres exposées, travail qui me passionne et pour lequel j'ai passé cinq ans à l'université, et on me donne une tâche au hasard, qui ne s'inscrit pas dans la continuation naturelle de ce que j'ai fait jusqu'à présent, et qui ne me correspond absolument pas. Je n'ai aucune aptitude pour l'enseignement, quant à la patience… Mes propres enfants fuient quand je leur propose mon aide pour les devoirs et je ne possède pas le don de me mettre au niveau de mes interlocuteurs, surtout s'ils ont trois ans et demi et que la seule chose qui les intéresse est la peinture aux doigts ! Bref, ma carrière va enfin prendre un tournant, mais pour me mener droit dans le mur ! Je vais stresser, me transformer l'estomac en balle de bowling et finalement montrer que je ne suis pas à ma place !

L'annonce me fait l'effet d'une douche froide et est sans aucun doute la réponse d'Annette à mon audace de la semaine précédente. Mais comme je me souviens de ne rien prendre de façon personnelle, je me dis que ces représailles ne sont que le reflet de son propre rêve ou plutôt cauchemar, et que je ne dois pas me laisser atteindre. Dans mon rêve, je saisis allègrement toutes les opportunités d'apprendre des choses nouvelles et je suis reconnaissante.

« Super, dis-je en souriant. Merci de me donner la chance de travailler avec Liz ! »

Comment faire de mon mieux avec cette nouvelle responsabilité ? Après une discussion sincère avec Liz, nous décidons que je préparerai le matériel éducatif, car je connais les œuvres et les artistes, et qu'elle et son collègue s'occuperont de le présenter aux groupes scolaires. Cela me convient, et j'avoue que je suis même excitée par ce nouveau projet qui me donnera une excuse pour reprendre contact avec les artistes retenus, et me replonger dans certaines des œuvres du musée.

Je passe l'après-midi à chercher des idées. La plus motivante est la création de fiches interactives auxquelles les groupes pourront accéder sur des iPad mis à leur disposition.

Moderne et ludique, l'application devrait avoir du succès ! Le seul souci est que je n'y connais absolument rien en technologie (on se remémorera l'épisode de l'achat du *pencil* pour iPad) et j'ai besoin de savoir si mes idées sont réalisables avant de les présenter à Liz. La seule personne qui peut m'aider est Sara. J'hésite à cause de son entretien mouvementé avec Patricia et Annette. Est-ce qu'elles lui ont donné un préavis ? De plus, elle doit croire que je les espionnais et que je suis avide de détails croustillants. Elle va se dire que je déguise mes intentions en feignant de demander de l'aide. Mais le signal d'alarme s'allume dans mon cerveau : « Tu fais encore des suppositions, ma belle ! Va donc lui parler de ton projet comme si de rien n'était. »

La conversation se déroule sans encombre, Sara est en fait bien plus abordable que je ne le croyais et ses conseils sont judicieux. Nous ne faisons pas allusion à ce qui s'est passé deux jours auparavant, et je me rends compte que cela m'arrange de ne pas savoir. Au moins, personne ne viendra me tirer les vers du nez pour une histoire qui ne servira qu'à alimenter les commérages.

Heureusement, car mes collègues accourent dès que je suis de retour dans mon bureau.

« Alors, elle t'a dit ce qui s'est passé l'autre jour ? me demande Barb du département financier.

– Pourquoi est-elle encore là ? questionne Robert, notre informaticien.

– Comment est-ce qu'ils peuvent encore lui faire confiance ? » renchérit Célia, qui a délaissé les archives et est remontée du sous-sol pour l'occasion.

Je note que Nicole et Ellen se tiennent coites et je prends leur attitude pour un encouragement. Même si elles ne comprennent pas tout à fait ce que j'essaie d'accomplir avec mon défi toltèque, elles ne me sont pas ouvertement hostiles cette fois. Je leur en suis reconnaissante et soupire de soulagement.

« On n'a parlé de rien d'autre que du travail. Le reste, ce ne sont pas mes affaires ! »

La plupart de mes collègues me regardent comme si j'avais vraiment un grain. Je comprends qu'ils ont du mal à me reconnaître et même que je dois leur paraître un brin effrayante. Il est vrai que l'ancien moi appréciait un bon ragot ! Mais je change et j'espère que petit à petit, on me suivra.

« En fait, tu joues sur le long terme, me dit Robert. Tu gagnes sa confiance pour ensuite avoir toute l'histoire ! »

Et moi qui croyais donner le bon exemple !

Commentaire de Tamara : *Je suis fière de toi, ma chère ! Belle mise en œuvre des quatre accords !*
Réponse d'Isa : *Même si je n'ai pas eu l'approbation de tous, je me suis sentie en accord avec mes valeurs personnelles.*
Réponse de Tamara : *Et quand on est soi-même, on est heureuse !*

Vendredi 13 décembre

Briser les vieux accords en maîtrisant l'attention

Une des techniques pour briser les vieux accords est la maîtrise de l'attention. Ruiz compare en effet nos peurs à un monstre à mille têtes qu'il faut couper une par une. Cela prend du temps. Notre attention doit être en éveil à chaque instant pour débusquer les peurs lorsqu'elles se manifestent et les remplacer par une émotion ou une pensée positive.

Pour accélérer le processus, je mets mon entourage à contribution en leur demandant de faire une liste de mes angoisses. Je suis à la fois curieuse et nerveuse de découvrir la façon dont mes proches me perçoivent. À ma grande joie, Ellen et Nicole semblent avoir mis leur rancœur au placard et acceptent de participer.

Une fois le musée fermé, nous nous emmitouflons dans nos parkas pour traverser la rue – la température a chuté brusquement et avoisine à présent les -10 °C – et nous

nous retrouvons dans le bar à huîtres juste en face, autour d'un verre de vin blanc et d'un plateau de fruits de mer.

« Merci de m'aider dans ma démarche, les filles, leur dis-je. J'apprécie votre engagement à mes côtés.

– J'avoue que je ne savais pas trop si j'allais accepter, me dit Ellen. Mais quand tu as mentionné un dîner au King Street Oyster Bar, cela a balayé toutes mes hésitations ! »

J'ai beau la connaître depuis dix ans, j'ai du mal à savoir si elle blague ou non. Sa longue frange noire couvre la moitié de son visage et, de toute façon, l'obscurité du restaurant m'empêche de lire ses émotions. Je me racle la gorge et reprends :

« Voilà, j'aimerais que vous m'aidiez à identifier mes craintes. J'y réfléchis bien sûr de mon côté, mais parfois les autres voient des choses qui nous échappent.

– Je pense que tu as peur de la solitude, commence aussitôt Nicole.

– Ah bon ?

– Oui, c'est pour cela que tu es restée aussi longtemps avec Matthew alors que tu n'étais pas heureuse.

– Et c'est pour la même raison que tu veux retrouver quelqu'un, poursuit Ellen.

– Oui, vous avez sûrement raison, dis-je. Je broie du noir quand je n'ai que ma propre compagnie. Et du coup, je n'ai envie de voir personne. C'est un cercle vicieux.

– Tu connais l'adage, me dit Nicole, “La solitude, avec un bon livre, vaut mieux que la compagnie des sots” ! À toi de voir le positif !

– Ça me fait penser à ce qu'a écrit Marc Levy dans l'un de ses romans. Je crois qu'il dit que "la solitude est un jardin où l'âme se dessèche" », ajoute Ellen.

Je sens un mouvement sous la table, et soupçonne Nicole de lui donner des coups de pied.

« Tu as aussi peur du jugement des autres, continue Ellen, imperturbable. Tu te souviens quand je t'ai prêté ces boucles d'oreilles que tu adorais et que tu n'as jamais osé porter ? »

Comment aurais-je pu oublier les boucles d'oreilles en question, de merveilleuses créations en perle de la tante d'Ellen, une artiste crie[5] ? D'une églantine finement détaillée pendaient neuf tiges de longueurs différentes, chacune terminée par une feuille pâle qui vous chatouillait le cou quand vous bougiez la tête. Ellen me les a fait essayer et même si elles étaient à des années-lumière de mon style habituel – c'est-à-dire discret –, elles seyaient à l'ovale de mon visage et mettaient mon cou en valeur. Pourtant, je ne les ai jamais portées en public. Je les mettais quand j'étais seule dans ma salle de bains, secouais la tête pour les sentir frôler ma peau, puis les enlevais. Ellen a raison, j'avais peur des remarques de mes collègues, et surtout de Matthew qui pouvait être un critique impitoyable et me préférait un tantinet sans artifice, effacée, et surtout sans surprise : j'ai gardé la même coupe de cheveux pendant vingt ans à cause de lui.

« C'est vrai que je n'aime pas attirer l'attention sur moi. Même les regards d'admiration ou les compliments me gênent.

– Tu veux vraiment changer tout cela ? demande Nicole.

– Oui, c'est le but de cet exercice, j'identifie tous mes accords négatifs et je les brise !

– Tu n'es pas au bout de tes peines ! » s'exclame Ellen.

À nouveau, je me demande si elle plaisante ou pas. Son ton n'est pas exactement sarcastique, mais il me semble voir passer un éclair dur dans ses yeux noirs.

« Bon, assez parlé de moi, dis-je.

– Ce n'est pas pour cela que tu nous as invitées ? » demande Ellen.

Si j'ai bien compris, son ton n'est pas à l'humour. Vu sa disposition, autant dire que je me suis abstenue de leur demander de m'accompagner demain pour faire mes courses de Noël ! Pour éviter d'autres conversations qui dérapent et les mots blessants – il ne fallait pas non plus que l'exercice devienne un prétexte pour m'insulter –, je demande aux autres de m'envoyer leurs réponses par email.

Plus tard, je compile la liste de mes peurs et ajoute celles que j'ai moi-même identifiées, tout en remettant en cause mon bon jugement quant au choix d'activité, somme toute plutôt déprimante pour une soirée seule à la maison. J'ai devant moi le tableau d'une femme froussarde, dépendante, à la vie étriquée ! Avant que je ne m'apitoie sur mon sort, je m'empresse de transformer mes peurs en rêves.

	Peurs	Rêves
Tamara	Peur du changement	J'accepte et même recherche le changement quand je stagne.
Ellen	Peur d'être jugée	Si je suis fidèle à moi-même, le jugement des autres ne m'atteint pas.
Nicole	Peur de la solitude	La solitude ne veut pas dire se sentir seule.
Tom	Peur d'être moins bien que les autres	Je fais de mon mieux. J'ai aussi mes points forts.
Olivier	Peur de me mettre en avant (au travail)	Je participe et fais entendre ma voix.
Mon père	Peur de ne pas être à la hauteur	Je fais de mon mieux, j'apprends, je demande conseil.
Ma mère	Peur de l'imprévu	Je fais preuve de flexibilité. J'accepte de ne pas tout contrôler. Je me prépare du mieux possible puis accepte ce qui arrive.
Moi	Peur de rêver Peur d'être moi-même Peur de finir ma vie toute seule Peur de perdre mes enfants quand ils seront adultes	Rêver. Être moi-même. Encore une fois, la solitude ne signifie pas se sentir seule. Entretenir les relations avec famille et amis.

Commentaire de Tamara : *Tu as eu une soirée très productive !*

Réponse d'Isa : *Oui, cela change du traditionnel bol de céréales devant une série insipide qui est souvent au menu de mes vendredis soir seule à la maison ! Je progresse ! Et toi, que fais-tu cette fin de semaine ?*

Réponse de Tamara : *Je suis à New York ! J'ai lu un article sur la nouvelle expo de Haegue Yang au MoMA et, comme j'avais besoin de me changer les idées, j'ai décidé d'aller y jeter un coup d'œil !*

Réponse d'Isa : *Moi, quand j'ai besoin de me changer les idées, j'allume Netflix ! Je n'ai jamais entendu parler de Haegue Yang…*

Réponse de Tamara : *C'est une artiste sud-coréenne connue pour incorporer des objets de la vie quotidienne dans ses œuvres. Cette fois-ci, ce sont des poignées en acier.*

Réponse d'Isa : *En effet, c'est beaucoup mieux que de regarder* Urgences *pour la millième fois !*

Samedi 14 décembre

Faites toujours de votre mieux

Je me suis réveillée avec une migraine et l'envie de passer la journée au lit. La belle motivation d'hier m'a désertée. Je me prépare un café et contemple mes options pour la journée en mangeant une tartine : d'un côté, le défi toltèque qui me pousse à faire de mon mieux, de l'autre, mon canapé qui m'invite à m'envelopper dans une couverture et regarder la demi-douzaine de comédies de Noël enregistrées. Je peux presque entendre le débat du petit ange et du mini démon dans mon cerveau.

Le démon : Si son « mieux » est de rester avachie dans son salon, le défi est quand même respecté.

L'ange : Dans « faites de votre mieux », il y a le verbe faire ! Je ne vois pas d'action dans le fait de s'avachir !

Le démon : Tu vois bien qu'elle n'est pas en forme !

L'ange : Elle n'a même pas essayé ! Allez, qu'elle commence par s'habiller pour voir !

Le démon : Tu ne veux quand même pas qu'elle conduise dans cet état ? En plus, elle va devoir tourner pendant une demi-heure avant de trouver une place pour se garer. C'est de la torture.

L'ange : Depuis quand as-tu une dent contre la torture ? Plus elle attend pour se préparer, moins elle trouvera une place de parking facilement.

Le démon : Les magasins vont être bondés ! Tu parles d'un plaisir ! Imagine les queues aux caisses !

L'ange : Elle a tout son temps, ce n'est pas comme si elle avait des projets ce week-end, à part peut-être du ménage et une lessive !

L'ange a gagné : je prends une douche, dissimule le plus gros de mes cernes sous un peu de maquillage, enfile un jean, mes bottes à talons (ma tenue *feel-good*) et me rends au centre commercial Yorkdale pour acheter des décorations de Noël ! Ni les vingt minutes qu'il me faut pour trouver une place de parking ni la foule qui a pris les boutiques d'assaut dans cette dernière ligne droite avant les fêtes ne me déstabilisent. Comme me l'a rappelé l'ange dans ma tête, j'ai tout mon temps. Je m'engage solennellement à ne pas repartir avant d'avoir trouvé lumières et boules scintillantes, et en prime, peut-être, l'esprit de Noël ! L'étage du magasin Baie d'Hudson consacré aux fêtes est magique et j'en oublie mon mal de tête. Les sapins sont décorés selon des thèmes, certains classiques comme les Noëls d'antan ou les animaux des bois, d'autres, plus surprenants comme les Lego ou *La Guerre des étoiles*, et les décorations sont organisées par couleur. Tout est assorti, brillant, de bon goût et très cher ! Mais qu'importe, j'ai décidé que Noël cette année ne pâtira pas de ma séparation ni de mon manque de motivation. J'adore le sapin aux tons vieux rose avec de petits oiseaux couverts de velours et de plumes légères, de glaçons qui ont l'air plus vrais que nature et de guirlandes soyeuses et chatoyantes. Mais je me raisonne : je doute que les garçons partagent mon enthousiasme et opte pour des tons plus traditionnels.

Je ressors du magasin avec de minuscules lumières clignotantes, une couronne de ruban pour la porte d'entrée, des guirlandes de perles nacrées, des boules satinées dans toutes les nuances de bleu, des nœuds à accrocher sur les barrières, des bas de Noël[6] pour chacun, des dessous d'assiettes argentés et assez de bougies pour nous éclairer sans interruption jusqu'au jour de l'An ! Je n'ose pas regarder le total des achats au bas du ticket de caisse. Pourquoi se gâcher le plaisir avec ce genre de détail ! Je m'aperçois que je n'ai pas vu le temps passé, que ma migraine a disparu et que je suis excitée à l'idée de décorer la maison ! Il ne me reste plus qu'à me frayer un passage jusqu'à la sortie, à travers la foule dense et pressée, avec mes six sacs (réutilisables) aux bras, aux mains et autour du cou, sans briser mes délicats achats. Ce n'est pas une mince affaire : contrairement à la mer Rouge, la foule ne s'écarte pas miraculeusement. Les poignées me scient tellement la peau que je passe devant le magasin Swarovski sans m'arrêter alors que la vitrine doit regorger de bijoux scintillants pour appâter les maris en quête d'idées de cadeaux. En parlant de mari appâté, il y en a justement un qui ressemble étrangement à notre collègue de la com. Il est accompagné d'une beauté à la chevelure relevée en un chignon déstructuré à qui les boucles d'oreilles Baron iraient à merveille ! Je profite d'une pause pour reprendre mon souffle et jette un œil pour m'assurer que c'est bien lui ! Ils forment un couple étrange, pour ne pas dire dépareillé, lui un brin ringard et effacé et elle, pétillante, en manteau de fausse fourrure et talons ! En tout cas, Ellen n'en reviendrait pas !

Il ne me remarque pas et je poursuis péniblement mon chemin vers la sortie, quand j'aperçois le profil de Nicole derrière une paroi vitrée. Décidément, tout le musée s'est donné le mot pour se retrouver au centre commercial ! En grande conversation avec un conseiller en immobilier – à en croire l'enseigne –, elle ne fait pas attention à moi. Je m'éloigne la tête pleine de questions. Elle ne m'a jamais dit qu'elle déménageait… C'est vrai qu'elle ne partage pas tout avec moi ces temps-ci, mais quand même, c'est une nouvelle importante ! Et où est son mari ? Ce sont des démarches que l'on effectue à deux généralement. J'espère qu'ils ne sont pas en train de se séparer…

> Commentaire de Tamara : *Je suis contente que les « esprits de Noël*[7] *» t'aient rendu visite ce matin !*
> Réponse d'Isa : *Même pas ! C'est l'accord d'aujourd'hui qui a donné un coup de pied aux fesses du Scrooge*[8] *qui se cachait en moi ! Et puis, tu es mal placée pour me reprocher mon manque d'enthousiasme pour les fêtes, toi qui t'enfuis loin de tous quand arrive Noël !*
> Réponse de Tamara : *Je n'ai rien contre cette fête, je te rappelle que je n'ai pas vraiment de famille avec qui célébrer…*

Dimanche 15 décembre

Faites toujours de votre mieux

Comme le week-end dernier, je décide de pratiquer le même accord deux jours de suite. La comparaison que Tamara a faite de moi avec le détestable personnage du célèbre conte de Dickens me tarabuste. C'est vrai que j'ai toujours un peu appréhendé les fêtes, ce moment de l'année où l'on se doit d'être joyeux. J'ai souvent eu de bonnes raisons de ne pas l'être, à cause d'une dispute récente, d'une période de stress ou d'une difficulté. En particulier ces dernières années… Quand les enfants étaient petits, leur joie innocente était contagieuse. Dès l'ouverture de la première surprise du calendrier de l'avent et jusqu'au matin de Noël chez leurs grands-parents, ils créaient une ambiance féérique. Et puis en grandissant, Noël a perdu de sa magie : ils ne se battent plus pour accrocher l'étoile en haut du sapin, refusent de passer un samedi après-midi en forêt pour couper notre propre arbre – on peut en acheter un à Canadian Tire, à dix minutes de la maison – et ne s'extasient plus devant les maisons illuminées. Du coup, au fil des ans, mon entrain pour Noël s'est émoussé. Surtout quand c'est moi qui conduisais les six cents kilomètres qui nous séparent de Montréal, souvent dans des conditions atmosphériques épouvantables – « c'est chez tes parents que nous allons, et je vais en profiter pour lire quelques dossiers » – et que ma mère et moi passions des heures debout dans la cuisine à préparer le repas du réveillon, puis à laver la belle vaisselle à la main, avec pour seule pause la messe de minuit. À ce stade d'épuisement, la beauté des chants et les coups de coude de Matthew ne suffisaient pas à m'empêcher de piquer du nez.

Cette année sera particulière, et encore loin de la fête parfaite des contes de Noël, avec les garçons qui passeront le 25 décembre chez leur père. Il est vrai que j'avais initialement l'intention de m'en tenir au strict minimum : un sapin, une célébration toute simple pour nous trois, puis un bon livre pour le reste du congé. Mais mes parents ont changé la donne et les quatre accords me poussent à m'investir dans la préparation des réjouissances pour en faire un évènement comme nous n'en avons pas eu depuis longtemps, et à la réussite duquel chacun participe. Une fête idéale en somme.

Ce dimanche maussade est une invitation à garnir la maison de couleurs et de lumières. Je n'attends pas les garçons pour partager ce moment, car il m'a déjà fallu tout un week-end pour les convaincre d'aller choisir un arbre avec moi et m'aider à le placer sur son socle. « Si on achetait un sapin en plastique, on s'éviterait cette corvée annuelle », a suggéré Olivier. À ce rythme-là, les décorations seraient installées pour Pâques ! Et puis, ils apprécieront plus la surprise d'une maison sur son trente et un qu'une invitation à participer à la tâche fastidieuse de la parer. Quelques heures plus tard, les lampes sont allumées, le salon embaume l'épicéa et la cire d'abeille. En un mot, la maison a un air de fête.

Toujours dans l'esprit de faire de mon mieux, pour que les garçons soient avec moi en pensées, et pour le plaisir de les soustraire ne serait-ce que virtuellement à leur père pendant « son » week-end, je leur demande de sélectionner des photos qu'ils ont prises au cours de l'année pour notre diaporama. Nous communiquons par texto autour de ce projet tout l'après-midi ! Tom et moi envoyons ensuite celles que nous avons choisies à Olivier pour qu'il prépare le montage. Comme ils n'ont pas rechigné, je me permets de suggérer d'ajouter de la musique. Pourquoi pas des chansons de l'année qu'ils ont aimées ?

Une action utile en appelant une autre, je me mets au défi de ne pas allumer la télévision de la journée, même en bruit de fond ! Une première ! Je me sens pleine d'une immense énergie que je mets au service de la création d'activités pour les groupes d'enfants qui visitent le musée. Je suis consciente que nous sommes dimanche, mais j'ai un million d'idées qui risquent de s'envoler et je préfère expérimenter avec pâte à modeler, tubes de peinture et découpage dans l'intimité de ma cuisine plutôt qu'au bureau. J'y prends tellement de plaisir que je n'ai pas l'impression de travailler. Les recherches sont passionnantes et le soir arrive sans que je m'en aperçoive ! Je sursaute quand la porte s'ouvre brutalement sur les garçons.

« Tu as acheté un nouveau désodorisant ? me demande Tom sans même dire bonsoir.

– C'est le sapin, idiot ! » répond son frère.

Je n'ai pas le temps de le reprendre, car il ajoute :

« Oh ! Tu as tout décoré !

– C'est chouette, dit Tom, on se croirait dans un film de Noël ! Il y a presque autant de décorations que chez papa !

– Mais tu es bête ! lui dit Olivier.

– Ne parle pas à ton frère de cette manière ! C'est plus beau chez votre père ? » ne puis-je m'empêcher de demander.

Évidemment que c'est plus beau ! Si Jann décore de la façon dont elle s'habille, la maison doit être digne de la couverture du magazine *Martha Stewart Living* de décembre !

« Non, répond Tom, tout est rose et il y a plein d'oiseaux en velours partout !

– Il a raison, renchérit Olivier, on se croirait à la fête de naissance d'une fille !

– Tu faisais des travaux manuels ? questionne Tom.

– Oui, je prépare des activités pour le musée. »

Je lui présente les fruits de mon labeur : une peinture par numéros d'un tableau de Rod Borghese, un inukshuk[9] selon Paul Bruneau, des statuettes d'argile inspirées des sculptures de Lukie Airut, des pochoirs pour représenter des paysages arctiques.

« J'ai besoin de vérifier que tout est au point avant de les utiliser avec les jeunes qui visiteront le musée. Tu peux me dire ce que tu en penses ?

– On les essaie tous les deux ? me demande Tom.

– D'accord, dis-je, trop contente. Cela fait tellement longtemps que l'on n'a pas fait de bricolage ensemble !

– Je croyais qu'on allait tester tes idées, pas faire des activités de bébé !

– Oui, oui, on teste, on ne bricole pas ! J'ai besoin de ton avis d'expert, m'empressé-je d'ajouter.

– Allez, au travail, alors ! »

Commentaire de Tamara : *Sans commentaire ! Je suis vraiment impressionnée !*
Réponse d'Isa : *Je ne me reconnais pas ! J'ai de l'énergie à revendre et l'envie d'entreprendre de nouveaux projets !*

Lundi 16 décembre

Que votre parole soit impeccable

Ce matin, j'explique à Ellen et Nicole le principe du premier accord que j'illustre avec un exemple tout frais.

« Je suis tombée sur ton collègue préféré à Yorkdale, dis-je à Nicole.

– Tu étais au centre commercial ce week-end ? me demande-t-elle en jetant un coup d'œil à Ellen.

– Oui, mais ne change pas de sujet, dis-je, en notant d'une, son malaise et de deux, qu'elle ne mentionne pas qu'elle y était aussi.

– Vous aviez tort : il y a une femme dans sa vie ! Et pas n'importe laquelle : le sosie de Cindy Crawford !

– Pourquoi pas la vraie, pendant que tu y es ? s'exclame Ellen.

– Je te fais remarquer qu'il ne porte pas d'alliance, alors cette femme peut être n'importe qui, dit Nicole. Une amie d'enfance qui a pitié de lui ou une cousine qui l'aide à trouver quelque chose pour sa mère !

– Non, ils avaient l'air vraiment amoureux, penchés sur la vitrine d'une bijouterie pour sans doute choisir ensemble son cadeau de Noël. »

Je n'arrive pas à croire qu'en essayant de changer leur perception, je suis à l'origine d'autres commérages !

« Ce que je n'arrive pas à comprendre, me dit Nicole, c'est pourquoi tu tiens tellement à le défendre.

– Cela n'a rien à voir, je l'ai simplement pris comme exemple, on parlait du premier accord toltèque !

– Tu n'as pas un accord qui te conseille de ne pas faire de suppositions ? » demande Ellen.

J'aurais mieux fait de garder l'anecdote pour moi, de me taire et de me mêler de mes affaires. Pourquoi ai-je autant de mal à intégrer cette règle ? Et puis, elles ont sûrement raison. C'est vrai que le couple était dépareillé : elle, distinguée et rayonnante, lui, avec ses vêtements démodés et son air de contrôleur des impôts.

Dans la matinée, Sara entre dans mon bureau. Je suis surprise et un peu tendue. Je ne peux pas m'empêcher de penser à ce qui s'est passé l'autre jour entre elle, Patricia et Annette. Et si jamais ma patronne s'imaginait que j'étais du côté de Sara, quel qu'il soit, ou pire, que j'étais complice ? Je lui dis de laisser la porte ouverte. On ne pourra pas m'accuser de comploter avec l'ennemi.

« J'ai repensé à tes idées d'activités interactives sur les iPads, commence-t-elle. Je voulais te montrer à quoi elles pourraient ressembler. Viens avec moi dans le musée. »

Je suis prise de court. Comme aucune excuse ne me vient à l'esprit, je la suis tout en pensant qu'être vue en compagnie de l'employée mal aimée et tombée en disgrâce ne va pas arranger ma réputation qui bat de l'aile en ce moment… Je suis quand même intriguée et touchée : je ne lui ai jamais demandé de créer l'application, simplement de me dire si mon concept était réalisable. Dans la galerie Steven Williams, elle allume une tablette et pointe l'objectif vers *Man Changing into Thunderbird.* Le tableau apparaît sur l'écran, puis disparaît progressivement pour ne garder que le poisson, qui s'estompe à son tour pour laisser revenir le soleil et ainsi de suite avec tous les éléments du tableau.

« C'est juste un début, dit Sara. On peut ajouter du texte ou du son si tu préfères pour expliquer la symbolique des différents éléments. »

Elle me guide ensuite vers les lithographies de Kenojuak Ashevak. Là, l'iPad nous guide à travers les différentes étapes de la fabrication de l'œuvre.

« Qu'est-ce que tu en penses ? me demande-t-elle.

– C'est exactement ce que j'avais imaginé ! C'est incroyable. Mais ça me gêne un peu que tu aies fait tout ce travail en plus de tes tâches habituelles.

– Pas de problème, je me suis amusée ! En plus, j'ai le temps. Je m'étais avancée dans mon travail parce que j'espérais aller en Italie. Mais comme je ne pars pas…

– Tu n'y es pas déjà allée récemment ? »

Je me demande si elle n'exagère pas tout de même un peu de vouloir prendre des vacances si souvent quand les autres triment sans aucun répit : à cause du manque de personnel, il est rare que l'on puisse prendre plus de quelques jours de congés à la suite.

« Oui, ma mère est malade…

– Je suis désolée, fais-je, honteuse. Je ne savais pas.

– Oui, je n'aime pas trop raconter ma vie. En fait, le docteur vient de me dire qu'elle n'en a plus pour longtemps… Je voulais être auprès d'elle, mais Annette refuse de me laisser utiliser mes vacances de l'année prochaine et je n'ai pas les moyens de prendre un congé sans solde.

– Je suis désolée », dis-je à nouveau bêtement.

Je ne suis pas habituée à recevoir des confidences de Sara.

Il n'y a rien qui cloche chez elle, elle est simplement timide et traverse des moments difficiles. Je suis bien placée pour comprendre ce besoin d'être seule quand les choses vont mal. Lorsque Nicole et Ellen apprendront la raison des cris de l'autre jour, elles comprendront enfin l'importance de ne pas médire.

Commentaire de Tamara : *Tu es sûre de ne pas vouloir garder les confidences de Sara pour toi ? Cela ne s'est pas passé exactement comme tu l'aurais voulu ce matin !*
Réponse d'Isa : *Tu as raison. Au lieu de sermonner mes amis, je vais essayer de montrer le bon exemple.*

Mardi 17 décembre

Quoi qu'il arrive, n'en faites pas une affaire personnelle

Excitée, fière de mes créations, et forte des animations préparées par Sara, j'entraîne Annette dans une visite guidée interactive du musée. Je la laisse l'expérimenter avec l'iPad dans les différentes galeries, puis lui présente les fiches qui ont reçu l'approbation de Tom. Elle ne dit pas grand-chose, mais je ne me laisse pas démonter : Annette a une atrophie de l'enthousiasme, surtout quand le succès n'est pas le sien, et quand elle déborde de quelque chose, il vaut mieux ne pas être dans les parages ! Alors son apathie ne m'affole pas plus que cela et je considère même son silence comme un encouragement ! Je poursuis avec les livrets qui résument chaque thème et proposent des activités à faire en classe ou à la maison. Pour finir, afin d'éviter une autre remarque sur le fait que le musée est au bord de la faillite et que nous n'avons les moyens pour absolument rien d'innovant, je précise que tout peut être créé et produit ici avec les ressources que nous avons déjà.

Voilà, j'attends ses commentaires avec impatience, comme une petite fille qui a bien fait ses devoirs et espère une image, tout en pensant que j'ai vraiment passé l'âge. Mais le couperet tombe.

« Je préfère garder le matériel que l'on utilise actuellement : il a fait ses preuves. »

Il n'y a rien à répondre. Annette ne change jamais d'avis. Elle aurait trop peur que cela passe pour de la faiblesse. Et puis, je ne suis pas certaine de maîtriser la boule dans ma gorge. Je tourne les talons, mais elle n'a pas fini, il faut qu'elle enfonce le clou. Peut-être qu'elle attend une réaction de ma part, une preuve que sa méchanceté a fait mouche.

« Dorénavant, j'aimerais que tu te contentes de faire ce que je te demande. En d'autres termes, ajoute-t-elle au cas où j'aurais développé une surdité ou une imbécillité soudaine, évite de prendre des initiatives. »

Soudain, je prends conscience que sa réaction n'a rien à voir avec mon travail, Annette est tout simplement une femme cruelle. Ses commentaires ne me touchent plus et étrangement, je ne suis pas dévastée. J'ai pris du plaisir à faire ce travail, j'ai appris, j'ai passé des moments enrichissants avec Tom et je me suis rapprochée de Sara. Mes idées ont été validées par des collègues expérimentés et la qualité du travail ne peut être remise en question. Je suis déçue que mes idées ne soient pas retenues, c'est tout.

Annette semble attendre une réponse qui tarde à venir, étant occupée par ma mini-épiphanie. Du coup, elle poursuit :

« Tu n'as pas une vue d'ensemble sur notre stratégie, tu comprends ? Tu ne peux pas créer ton projet dans ton coin et t'imaginer qu'il va correspondre à la vision du musée.

– Pas de problème », dis-je simplement, presque avec le sourire, mais pas complètement – il ne faut pas exagérer non plus !

De retour à mon bureau, un email inattendu fait se dessiner un vrai sourire sur mes lèvres : Noah me propose de prendre un verre avec lui demain. Après le rendez-vous catastrophique de la semaine dernière et mes tentatives pitoyables pour ne pas faire de suppositions, je pensais recevoir une mesure d'éloignement plutôt qu'une autre invitation ! Bon, s'il est prêt à me donner une seconde chance, je peux lui en donner une autre moi aussi et puis je ne vais pas refuser une occasion de pratiquer à nouveau le troisième accord. Il suffira de relire mon blog pour examiner où j'ai échoué la dernière fois et ne pas refaire les mêmes erreurs ! Une petite supposition quand même : il a peut-être compris le message que j'essayais de faire passer… C'est la seule explication possible à son changement d'attitude !

À la maison, une autre surprise m'attend. Olivier a intercepté une conversation plutôt troublante entre des élèves de douzième année[10] au sujet d'une jeune autochtone de leur âge qui aurait abandonné le lycée et quitté la maison de ses parents pour vivre dans un squat. Il a tout de suite pensé à sâkowêw.

Je lui demande : « Bon, répète-moi l'histoire encore une fois.

– Je t'ai dit tout ce que je sais !

– Tu connais le nom de ces jeunes ?

– Oui, un ou deux. Mais ils ne faisaient que commenter une histoire que des copains d'une autre école leur avaient racontée. Il pourrait s'agir de n'importe qui !

– Tu as raison, la ville est grande et pleine d'histoires tristes, mais on ne sait jamais. On va appeler Ellen et lui raconter. »

Commentaire de Tamara : *On reste sur notre faim là. Tu ne vas pas nous dire ce qui s'est passé avec Ellen ?*
Réponse d'Isa : *Je suis épuisée, je parlerai de tout cela demain.*
Réponse de Tamara : *Tu veux que je fasse sonner ton téléphone toute la nuit jusqu'à ce que tu décroches et me racontes ?*
Réponse d'Isa : *Il n'y a pas de raison d'en venir aux menaces. On a fini par aller au poste de police, Ellen, Olivier et moi. Ils ont pris sa déposition et contacteront les jeunes en question demain pour essayer de remonter jusqu'à ceux qui prétendent avoir vu l'adolescente, et de là, espérons-le, jusqu'à la jeune fille.*
Réponse d'Isa : *Tu ne dis plus rien, tu t'es endormie ?*

Mercredi 18 décembre

Ne faites pas de suppositions

Je ne tiens pas en place ! Je suis excitée comme une mite dans un magasin de laine pour mon deuxième rendez-vous avec Noah ! Et un brin nerveuse aussi. Il m'a donné rendez-vous au Café Balzac, dans la salle d'attente de l'UP Express, le train qui relie le centre-ville à l'aéroport. Il a juste une demi-heure à me consacrer avant son vol pour Québec. Je m'y rends à pied, et croise les doigts pour que pendant cette marche dans les courants d'air glacé qui rebuteraient probablement un Sibérien aguerri, je trouve l'inspiration pour parler à Noah sans le contrarier. Comment savoir où l'on se situe parmi toutes les possibilités de relations sans qu'il prenne ses jambes à son cou encore une fois ? Dans ma jeunesse, les choses étaient simples : soit on sortait avec quelqu'un, soit… rien. Selon Nicole, il y a maintenant des degrés différents d'engagement : on sort ensemble occasionnellement (aucun engagement, mais le gars s'attend quand même à ce qu'on partage son lit de temps en temps), on sort ensemble version 1 (exclusif, mais sans engagement à long terme), on sort ensemble version 2 (exclusif avec engagement à long terme, source d'énormes malentendus avec la version 1), amis avec bénéfices (on est juste amis, mais on partage parfois un lit quand on est trop saouls ou trop seuls), le « coup d'un soir »… On aura compris que ce qui m'intéresse, c'est une relation à long terme. Afin d'éviter méprise et perte de temps – franchement à notre âge, on devrait savoir ce que l'on veut –, ce serait plus simple que les choses soient claires depuis le début. Pourtant, Nicole me conseille d'attendre six mois avant d'engager ce genre de conversation, au risque de faire fuir le prétendant. Comment s'y retrouver en attendant, je ne sais pas !

Noah est toujours aussi craquant, mais je m'efforce de rester dans le moment présent et de ne pas nous imaginer tous les deux dans la capitale de la Belle Province, qui, si on en croit les posters sur le mur du café, a un charme fou l'hiver. Ce serait bien quand même s'il me proposait de le rejoindre… On boirait des chocolats chauds en arpentant le marché de Noël, on écouterait une chorale de rue main dans la main et peut-être qu'on s'offrirait une nuit dans le célèbre hôtel de glace. En attendant, Noah ne parle que de la pluie et du beau temps, et je suis pendue à ses lèvres en attendant que les miennes dégèlent. Mais l'heure tourne, et dès que mon visage retrouve un semblant de plasticité, je prends les choses en main, quitte à lui forcer la sienne de main !

« Combien de temps restes-tu à Québec ?

– Deux jours.

– Tu ne prolonges pas sur le week-end pour te balader ?

– Tu sais, pour moi, les week-ends ne veulent rien dire. Si j'ai du travail, je le fais sans m'occuper de quel jour on est, surtout si Jude et Anna sont chez leur mère. Et puis je préfère être chez moi, que j'aie du boulot ou non.

– Tu ne profites pas des endroits où ton entreprise t'envoie ? »

Je suis outrée, c'est un sacrilège ! Je donnerais un rein pour une sortie tous frais payés en dehors de la ville !

« Non, ça ne m'intéresse pas. Je préfère Toronto, il y a tout ce dont j'ai besoin… »

Et moi qui nous imaginais découvrir les capitales européennes, prendre des cours de cuisine en Toscane et visiter la Provence à vélo. Il est blasé, voilà tout, je le ferai changer d'avis ! Et si je n'y arrive pas, au moins, j'aurais quelqu'un avec qui ne pas voyager… De toute façon, pour le moment, je ne vais jamais nulle part.

« J'ai un petit cadeau pour toi », me dit-il.

Je fonds ! Un homme attentionné, il n'y en a pas à tous les coins de rue ! Cela vaut bien le sacrifice de ne voir la tour Eiffel que sur le poster acheté chez Ikea.

« C'est trop gentil, dis-je en plongeant ma main dans le sac pour fouiller sous le papier de soie. Oh, des verres à Martini ! »

Je change d'avis au sujet des sacrifices que je suis prête à faire pour cet homme !

« Avec un livre de recettes, ajoute-t-il. Comme ça, tu pourras apprendre à apprécier l'alcool et je pourrais t'emmener dans les bars à vodka : tu verras, tu vas adorer !

– Tu sais, je n'ai jamais vraiment été intéressée par l'alcool et ce n'est pas à quarante ans que cela va changer.

– Il faut que tu te détendes un peu ! Tu es célibataire, profites-en pour t'amuser quand tes enfants sont chez leur père ! »

C'est sûr que ce n'est pas lui qui va me faire changer de statut conjugal !

« Je viens de lire ce livre dans lequel l'auteur dit qu'il est plus judicieux de trouver quelqu'un qui correspond à notre idéal plutôt que d'essayer de changer quelqu'un qui nous rend malheureux une fois que l'on s'est engagé. »

C'est à son tour d'avoir le visage figé.

Je lui explique : « C'est un livre de développement personnel qui m'aide à surmonter cette période difficile.

– Moi, quand je vais mal, je fais la fête !

– Chacun son truc… Mais tu ne crois pas que ce conseil a du sens ? lui demandé-je, dans l'espoir de l'engager dans une conversation un peu moins superficielle, même si je sens bien que c'est perdu d'avance.

– Je ne comprends pas », répond-il.

Adieu week-ends en amoureux à Québec et grande famille recomposée !

« C'est pourtant clair : toi et moi, on n'a rien en commun, alors on ferait mieux d'en rester là. »

Sur ce, je me lève et le laisse avec l'addition. Comme ça, on est quitte !

Commentaire de Tamara : *L'important c'est d'essayer !*
Réponse d'Isa : *Je me demande si je ne vais pas me rabattre sur un animal de compagnie !*

Jeudi 19 décembre

Briser les vieux accords en pardonnant

Une des méthodes pour briser les vieux accords (ceux basés sur la peur) est de maîtriser notre comportement, c'est-à-dire ne pas nous laisser emporter par nos émotions négatives comme la colère et la jalousie. Pour enlever le poison des blessures émotionnelles qui génèrent ces émotions, nous devons pardonner à nous-mêmes et à ceux qui nous ont fait du mal. Peu importe si ces personnes veulent notre absolution, nous la leur donnons de toute manière pour nous libérer.

Je commence donc à taper une liste de tout ce que j'ai à me faire pardonner.

- Laisser tomber un petit ami sans aucune explication : je ne savais pas comment lui dire que j'avais confondu amour et amitié (j'ai en même temps perdu un ami cher).
- Annuler des vacances avec mes parents à la dernière minute, car j'ai préféré accompagner à son chalet une

copine que je connaissais à peine (j'ai pensé me jeter plusieurs fois dans le lac gelé, solution plus radicale pour en finir que mourir d'ennui, tellement nous n'avions rien en commun, cette fille et moi, et mes parents ont failli me déshériter !).

- Forcer mon bout de chou de huit ans à passer trois semaines en colonie de vacances pour lui apprendre à être indépendant (Olivier a pleuré tous les soirs et moi aussi).
- Ne pas avoir eu le courage de m'élever contre les moqueries de mes camarades de classe qui avaient pris une élève un peu rondelette comme bouc émissaire (en revanche, quand j'ai essayé de renouer le contact avec elle, car on avait toutes les deux déménagé à Toronto, elle n'a pas hésité à m'aider à m'intégrer).
- Arrêter mes études trop tôt (qui sait, je serais peut-être conservatrice en chef à cette heure…).
- Étouffer la plupart de mes rêves ainsi que ma créativité (j'imagine mes propres œuvres exposées dans une galerie).
- Ne pas avoir eu l'audace de partir à l'aventure, de voyager avant le mariage, les enfants et l'emploi stable.
- Laisser mes parents, puis mon ex-mari me dicter mon comportement et influencer mes décisions majeures (il est grand temps que je commence à m'affirmer, non ?).

Je pourrais continuer longtemps, mais Sara m'appelle pour la touche finale de la nouvelle *app*. Oui, je n'ai pas suivi les ordres d'Annette et ai continué à travailler sur le projet.

De retour à mon bureau, je trouve Annette assise dans mon fauteuil. Elle est tellement absorbée par sa lecture, que je dois me racler la gorge plusieurs fois avant qu'elle ne lève la tête.

« Tu travailles sur quoi, là ? » me demande-t-elle avec un air faux jeton.

Je me doute qu'elle fait référence aux phrases très personnelles de ma liste, que dans ma précipitation j'avais laissée ouverte sur l'écran, à moins qu'elle n'ait aussi fouillé dans mes tiroirs et trouvé le classeur qui contient le projet qu'elle m'a demandé d'abandonner, deux sujets de conversation qui ne peuvent mener à rien de bon pour moi. Mais le second serait sûrement pire que le premier.

« Tu vois bien que cette liste n'a rien à voir avec le travail ! Du reste, j'aurais aimé que tu ne la lises pas, c'est privé », dis-je.

La meilleure défense c'est l'attaque, n'est-ce pas ?

Surprise par ma réplique (je ne l'avais pas habituée à cela), elle se lève et quitte mon bureau en marmonnant quelque chose à propos d'écrire son journal pendant les heures de travail. Je suis fière d'avoir marqué ce point, mais je n'arrive pas à me débarrasser de l'impression que je suis sur la sellette…

Commentaire de Tamara : *Ça fait du bien de ne pas se laisser marcher sur les pieds, non ?*
Réponse d'Isa : *Oui, sur le coup, mais je me dis qu'une fois revenue de sa stupeur, je vais avoir droit à un bon savon.*
Réponse de Tamara : *C'est vrai que tu ne l'as pas habituée à des réparties cinglantes ! C'est la faute de ta liste, tu parlais de t'affirmer ! Au fait, tu as des nouvelles de la fille d'Ellen ?*
Réponse d'Isa : *Non, Ellen est en congé et je ne lui ai pas parlé depuis mardi. Elle doit vraiment m'en vouloir pour me tenir à l'écart de cette manière… Une chose de plus à me faire pardonner…*

Vendredi 20 décembre

Faites toujours de votre mieux

Ce soir a lieu le dîner de Noël de l'entreprise. Jusqu'à l'année dernière, les employés du musée n'avaient pas leur propre repas de fin d'année, mais nous étions invités au gala annuel organisé pour les donateurs, début décembre. Le jour J, le personnel était en ébullition : le hall principal du musée croulait sous les décorations, on avait enfin l'occasion de sortir les robes longues qui se morfondaient dans les placards trois cent soixante-quatre jours sur trois cent soixante-cinq et la fête était magique avec de la musique *live*, des discours inspirants, des paillettes, et des desserts délicieux à en faire une indigestion. Cette année, Annette a trouvé que dépenser cent cinquante dollars par tête pour son personnel ne reflétait pas les valeurs de parcimonie de l'établissement et a organisé un évènement dans nos bureaux, avec de la nourriture commandée chez un traiteur (au début, nous avons eu peur que ce ne soit un repas partagé) et des activités pour rendre la soirée festive. Nous sommes tous déçus, mais nous jouons le jeu : certains ont mis un pull rouge et d'autres arborent des boucles d'oreilles à l'effigie du père Noël ou de ses rennes. Notre collègue de la com porte son « pull de Noël moche », à moins que ce ne soit juste un pull de Noël de très mauvais goût… Nous avons tous participé au concours de décoration de nos bureaux qui maintenant clignotent, tintinnabulent, brillent, souhaitent de joyeuses fêtes.

Nicole vient me demander de lui remettre le cadeau pour *Secret Santa.*

« De quel *Secret Santa* parles-tu ?

– Tu n'as pas vu mon email ? J'ai donné une enveloppe à chacun avec le nom d'un ou une collègue.

– Je n'ai pas eu d'enveloppe !

– Mais si, regarde, elle est là ! Je l'ai posée sur ta pile de dossiers la semaine dernière ! Dépêche-toi de t'en occuper sinon quelqu'un n'aura pas de cadeau ce soir ! »

J'ouvre l'enveloppe et en sors un papier sur lequel est écrit : David. Mais qui est-ce ? Oh non, c'est l'idiot du service com ! Il a fallu que je tombe sur lui ! Qu'est-ce que je vais bien pouvoir lui acheter ? En plus, je n'ai pas le temps de courir les magasins, je suis débordée et je ne veux pas pousser le bouchon avec Annette en disparaissant au beau milieu de l'après-midi ! Mes yeux se posent sur le paquet Amazon au coin de mon bureau : l'iPad Pencil d'Olivier ! Non, il a coûté cent trente dollars, c'est loin de la limite de vingt dollars indiquée par Nicole. Et puis, ce serait une folie d'offrir un tel cadeau à quelqu'un que je n'apprécie même pas ! D'un autre côté, dans l'esprit de l'accord du jour « Faites toujours de votre mieux », ce serait cohérent. Sans compter que cela m'empêcherait d'avoir à sortir, et que l'objet lui serait plus utile qu'un gadget stupide à vingt dollars. Ce serait même mieux que mieux !

À dix-huit heures, nous nous traînons jusqu'à la salle de réunion avec l'entrain de limaces moribondes pour pique-niquer avec les collègues. Ellen nous a rejoints pour l'occasion, mais je ne la presse pas de questions. De toute façon, elle a toujours son air perdu, alors j'imagine qu'il n'y a pas de nouvelles. Les galettes de crabe fondent dans la bouche et même les choux de Bruxelles (glacés au sirop d'érable) disparaissent en un rien de temps. Nous en oublierions presque qu'il n'y a pas de place assise pour tout le monde et que nous buvons notre mousseux dans des flûtes en plastique.

Après le dîner donc, nous nous asseyons tous en cercle comme quand nous jouions à la chandelle, avec un tas de cadeaux au milieu, mais sans le mouchoir sale. Nicole ouvre un paquet à la fois et nous fait deviner à qui il est destiné avant de le remettre à son récipiendaire. Certains sont drôles, d'autres stupides, et finiront directement à la poubelle. Le mien est un bracelet Swarovski, dissimulé dans une capsule en plastique comme celles des distributeurs de jouets à un ou deux dollars ! Je lève les yeux, mais impossible de deviner de qui il vient, car tous les regards sont sur moi : personne n'est dupe, dans ce bijou, il n'y a de plastique que la boîte ! Je pourrais rendre quelqu'un aveugle rien qu'en pointant les cristaux étincelants vers son visage ! Nicole reprend son rôle de mère Noël. Et si c'était Ellen, pour me remercier d'avoir emmené Olivier au commissariat mardi dernier ? Après tout, elle et Nicole sont les seules ici à connaître mon obsession pour cette bijouterie. C'est maintenant au tour de David de recevoir son cadeau. Encore une fois, les regards étonnés parcourent l'assemblée. Je tripote mon bracelet mine de rien, mais quand je lève les yeux, David regarde dans ma direction, comme s'il avait deviné… Et s'il se faisait des idées ? Comment pourrait-il savoir qu'il a reçu ce stylet parce que j'étais désespérée et qu'il traînait sur mon bureau ?

Commentaire de Tamara : *Alors, c'était Ellen ou un admirateur secret ?*
Réponse d'Isa : *Elle s'est éclipsée avant que je puisse lui poser la question !*

Samedi 21 décembre

Que votre parole soit impeccable

C'est le premier jour des vacances de Noël et mes parents sont arrivés dans l'après-midi. Je sens que les accords vont être mis à rude épreuve. En leur présence, je redeviens une petite fille qui se laisse juger, critiquer et réprimander. Chaque fois, je me promets de rester zen, en vain. Ils ont le don de trouver le mot qui va me faire sortir de mes gonds. Je me réjouis presque de travailler jusqu'au vingt-quatre et je n'aurais jamais pensé dire cela un jour.

À peine mon père et ma mère installés dans la chambre de Tom, je reçois un coup de fil de Matthew qui m'annonce qu'il change nos plans pour Noël ! À cause d'un contretemps, il veut maintenant que les enfants passent le réveillon avec lui et sa compagne au lieu du déjeuner du vingt-cinq.

« Cela ne change pas grand-chose que vous fassiez votre repas de fête un jour plutôt que l'autre, n'est-ce pas ? Réveillon ou jour de Noël, c'est pareil.

– Apparemment, ce n'est pas pareil pour toi.

– Mais nous, on n'a pas ta flexibilité, tu comprends ? Honnêtement, ne me dis pas que tu avais prévu autre chose que de paresser chez toi la journée du vingt-cinq !

– Tu me connais par cœur, mon chéri.

– Ne sois pas sarcastique ! Jann a des obligations professionnelles auxquelles elle ne peut pas se soustraire. Tu n'as jamais compris ce genre de pression. On n'a pas tous un emploi de bureau pépère comme le tien !

– Et toi, tu as toujours su quoi dire pour me convaincre ! »

Je sais que les garçons ont envie de voir leur père pour Noël alors j'accepte pour ne pas les pénaliser.

J'annonce la nouvelle à table.

« Mais qu'est-ce qu'elle peut bien traficoter le jour de Noël ? demande mon père.

– À mon avis, rien, dit ma mère. Ils veulent juste nous enquiquiner !

– Tu as raison, continue mon père. Il a toujours été comme ça lui, à asseoir son autorité en changeant les projets à la dernière minute ! Et tout le monde laisse faire… »

On glisse sur la pente savonneuse des commérages. Mais quelle est la différence entre un ragot et la vérité ? Parce qu'il n'a pas tort mon père.

« Non, je suis sûr que c'est bien Jann qui a un empêchement, dit Tom.

– C'est vrai, elle change tout le temps d'avis, continue Olivier.

– Même pour papa, ajoute Tom.

– Qu'est-ce que tu veux dire ? » lui demandé-je.

Tom jette un regard à son frère qui hausse les épaules. Tout fier d'être le porteur d'une nouvelle explosive, il annonce :

« On croit bien qu'elle a quelqu'un d'autre !

– Ça lui fait les pieds ! » s'exclame ma mère.

Mes parents qui n'avaient pas prononcé le nom de mon ex-mari pendant six mois se défoulent ! Cela m'arrange, tout ce que je pense est dit sans que je brise l'accord du jour !

« On l'a surprise en train d'organiser un rendez-vous qui n'avait rien à voir avec son travail, dit Olivier.

– Oui, le coupe Tom, elle a même ordonné qu'il lui ouvre la porte en costume d'Adam… Au fait, c'est qui Adam ?

– Quelle traînée ! s'exclame ma mère.

– Et ce n'était pas avec papa, parce qu'il était dans le salon ! précise Olivier.

– C'est ce qui arrive quand on s'entiche de la première venue, dit mon père.

– Et elle s'enferme dans les toilettes pour lire ses textos, nous informe Tom. C'est louche, non ?

– Et votre père ne se doute de rien ?

– Non… Il travaille tout le temps. »

Quelle douce musique à mes oreilles d'entendre que leur couple bat de l'aile. D'un autre côté, je me dis qu'on a sombré dans la médisance. C'est fou comme on y arrive sans s'en rendre compte. On relate d'abord un fait anodin, puis on en rajoute pour faire passer notre opinion et on brode encore un peu pour garder l'attention de notre auditoire. On se sent fort parce qu'on a diminué quelqu'un qui n'était même pas là pour se défendre.

« Bon, on arrête, dis-je. Ceux qui ont des choses à reprocher à Jann qu'ils le fassent en personne. »

On me regarde en se demandant quelle mouche m'a piquée.

« C'est vrai quoi, on ne va pas se gâcher la soirée à ne parler que de Jann, quand même ! Allez, on prend la voiture et on part faire un tour dans le quartier pour admirer les décorations. »

Commentaire de Tamara : *En voilà un qui a touché la monnaie de sa pièce !*
Réponse d'Isa : *Sur le coup, j'ai pensé que c'était bien mérité. Maintenant, il me fait pitié. Il était pareil avec moi, son travail prenait toute la place. Et même quand on passait des moments en famille, il était tout le temps distrait. Quand je pense que je me sentais responsable de notre séparation, parce que je n'avais pas été l'épouse parfaite. Mais si Jann commence à regarder ailleurs, cela veut peut-être dire que le problème vient de lui.*

Dimanche 22 décembre

Quoi qu'il arrive, n'en faites pas une affaire personnelle

Mes parents ne sont là que depuis vingt-quatre heures, mais nous avons déjà tous hâte qu'ils repartent, eux les premiers, j'ai l'impression ! C'est toujours la même chose : je me réjouis de les voir… jusqu'à leur arrivée. Les préparatifs pour leur séjour sont dignes d'une visite de la famille royale : je range et astique, jette les épices périmées, repasse leurs taies d'oreiller et les torchons à vaisselle, achète leur marque de shampoing préférée et renouvelle mon stock de tisanes. Je ne suis pas certaine que la reine Elizabeth reçoive un meilleur accueil quand elle rend visite à sa famille. Mais aussi propre et rangée que soit la maison, au bout d'une heure ou deux, ils n'arrivent plus à se retenir et les critiques pleuvent.

« Il est bien vide ton frigo, remarque ma mère.

– Je t'ai dit que j'irai faire le plein lundi soir pour avoir des produits frais pour Noël. En attendant, il y a tout ce dont papa et toi avez besoin pour deux jours.

– Mais tu n'as pas la bonne marque de lait…

– J'ai pris du bio…

– Tu sais, le bio, ce n'est pas forcément mieux que le reste. Tu te laisses toujours embobiner ! »

Puis mon père demande :

« C'est quoi cette idée de laisser les garçons cuisiner le repas de Noël ?

– Ce n'est pas tout le repas, juste le plat qu'ils ont choisi, et avec mon aide. Comme ça, tout le monde participe, c'est plus sympa ! De toute façon, c'est tombé à l'eau vu qu'ils ne seront pas là pour le réveillon et qu'ils rentreront trop tard le vingt-cinq pour nous aider.

– Et moi je serai seul dans mon coin pendant que tout le monde est aux fourneaux, s'offusque mon père.

– Mais puisque je te dis que c'est annulé ! Et puis, personne ne t'aurait obligé à rester seul au salon, tu aurais pu préparer quelque chose avec nous…

– Il faut toujours que tu aies des idées saugrenues ! »

Un peu plus tard, Tom se plaint de ma mère :

« Mamie dit que mes tee-shirts ne sont pas présentables et qu'elle va m'acheter des chemises ! S'il te plaît, dis-lui que ça ne sert à rien, je ne les mettrai pas.

– Tu ne lui as pas dit toi-même?

– Non, je n'ai pas osé…

– Ben, moi non plus… Ne te plains pas, quand j'étais petite, elle me forçait à porter des chemisiers à col Claudine et des jupes plissées alors que tout le monde portait des jeans et des tee-shirts !

– C'est qui Claudine ? demande Tom.

– C'est trop long à expliquer, mais c'est cent fois pire que des chemises ! »

Puis c'est au tour d'Olivier :

« Mamie a débranché mon ordi en plein milieu d'une partie ! »

Même si ça me « démange » régulièrement, je n'aurais jamais osé !

« Ah bon ? dis-je en réprimant un sourire.

– Elle dit que mes heures d'écran devraient être limitées.

– Mais elles le sont !

– Selon un article qu'elle a lu, c'est encore trop ! Tu peux lui dire de ne pas toucher à mon ordi ? »

J'ai du mal à ne pas prendre tous ces commentaires de mes parents personnellement. Je voudrais qu'ils soient fiers de moi, mais je ne suis jamais à la hauteur. En leur présence, je me sens incapable et pathétique. Heureusement que mes fistons me regonflent l'ego :

« Ne change surtout rien, maman ! Ni la nourriture, ni nos vêtements, ni nos heures d'écran. En échange, on veut bien faire la cuisine avec toi à Noël ! »

Commentaire de Tamara : *Tu es sûre que tu ne veux pas me rejoindre à Cancún pour les fêtes ? Au programme, farniente sur la plage et thalasso.*
Réponse d'Isa : *Je ne crois pas que j'aurais la patience de nettoyer tout le sable entre mes doigts de pied à la fin de la journée ! Non, ma solution est de faire des heures sup au musée !*

Lundi 23 décembre

Ne faites pas de suppositions

Je veux régler l'histoire de l'iPad Pencil avec David, pour être sûre qu'il ne se fasse pas d'idées. Je ne sais pas comment il a deviné que le cadeau venait de moi, mais la façon dont il m'a regardée m'a mise mal à l'aise. Si j'avais su, j'aurais emballé un paquet de Post-it ou une agrafeuse, au moins il n'y aurait eu aucun malentendu sur mes intentions. Je me rends compte maintenant que lui donner le cadeau d'Olivier n'était pas l'idée du siècle, pour de nombreuses raisons. Mais comme je n'ai pas de machine à remonter le temps, la seule chose à faire est de clarifier les choses.

J'aimerais lui parler quand il est seul, mais je n'arrive pas à trouver le moment opportun. Je l'épie discrètement toute la journée, en vain : un collègue l'accompagne pour chercher un café, Ellen attend que ses propres documents sortent de la machine quand il se rend à la photocopieuse, et il prend son repas de midi avec Nicole pour discuter d'un projet. La journée touche à sa fin et je commence à désespérer, mais ma dernière tentative est la bonne : personne ne le suit quand il se rend aux toilettes ! Je me poste derrière la porte et attends qu'il ressorte.

« Tu me cherches ? me demande-t-il en manquant de justesse de m'écraser le nez en poussant le battant.

– Oui, je voudrais te parler du cadeau. »

Son visage s'illumine.

« Et tu attendais le moment favorable ? »

Aurait-il vu que je le suis depuis ce matin ?

« Oui, enfin je voulais que tu sois seul.

– Je comprends », me répond-il avec un sourire jusqu'aux oreilles.

S'il étire un peu plus la bouche, le haut de sa tête se détachera de sa mâchoire inférieure.

« Tu veux qu'on aille prendre un verre pour discuter tranquillement après le travail ? » demande-t-il.

Non, c'est clair qu'il ne comprend pas ! L'affaire s'avère plus compliquée que prévu : le *pencil* lui a effectivement envoyé les mauvais signaux et, apparemment, il les a réceptionnés cinq sur cinq ! J'en connais un à qui l'accord sur les suppositions ferait le plus grand bien ! Je n'arrive pas à croire la vitesse à laquelle il s'est fait des films ! À cet instant, j'aperçois le stylet qui dépasse de la poche de sa chemise, tout contre son cœur. Que je vais briser dans une minute… Comment m'y prendre ? Je veux mettre les choses au clair, mais je ne suis pas un monstre non plus. Et puis son intérêt pour moi a quelque chose de mignon. En fait non, on parle de l'individu qui martyrise et exploite mon amie ! Mais quand même, qu'est-ce que je vais bien lui dire ? Je me rends compte que je n'ai toujours pas répondu à sa question et qu'il me regarde comme si sa vie dépendait des prochains mots qui sortiront de ma bouche. Bon, la ligne à tenir est qu'il ne se fasse pas d'idées, et accepter de prendre un verre lui en donnera. Il faut lui enlever ses illusions très vite, comme pour un sparadrap. Ça fait mal sur le coup, mais ça ne dure pas.

« Oh, on peut parler maintenant, lui dis-je.

– Ici ? » demande-t-il, effaré.

Ben oui, le coin entre la porte battante des W.-C. pour hommes, l'extincteur et les instructions pour évacuer le bâtiment en cas d'incendie, avec la peinture qui s'effrite, ce n'est pas le décor qu'il s'imaginait quand il me voyait lui déclarer ma flamme, mais moi, je le trouve approprié. Bon, allez, j'arrache le sparadrap !

« Oui, ici c'est parfait. Je voulais juste te dire que le cadeau était une erreur. »

Voilà, c'est fait, je peux reprendre le cours de ma vie, l'âme plus légère ! Ou non…

« Qu'est-ce que tu veux dire ?

– Je veux dire que c'était… une mauvaise idée. C'est un cadeau qui ne respectait pas les règles et n'était ni amusant ni approprié ! Ça me gêne de te dire cela, mais je préfère être honnête. »

Il me regarde comme si je venais de lui enfoncer un pieu dans la poitrine. Je veux bien le ménager, mais sa réaction me dépasse. Il est vraiment sensible et déraisonnable : il n'a quand même pas pu tomber amoureux de moi en un week-end à cause d'un malheureux stylet ! Il a trouvé mon cadeau romantique ? Si je lui avais fabriqué un porte-crayon en boîte de conserve, ou des boutons de manchettes en pâtes, je comprendrais : un objet fait main, cela crie « je t'aime ». Mais franchement, il n'y a rien de plus impersonnel qu'un crayon de plastique blanc.

« Je suis désolée, mais je veux que ce soit clair, pour éviter que l'on soit mal à l'aise.

– Tu es mal à l'aise ? me demande-t-il.

– Un peu, mais maintenant que le sparadrap est arraché, je me sens mieux.

– Moi aussi, je suis désolé », ajoute-t-il tristement.

Commentaire de Tamara : *Dis donc, il a l'air amoureux transi ! C'est plutôt flatteur.*
Réponse d'Isa : *Non, pas du tout, je m'en passerais bien. Je ne peux pas développer à cause du premier accord, alors tu demanderas à Nicole, elle ne tarit pas de reproches à son sujet !*

Mardi 24 décembre

Faites toujours de votre mieux

Je me retrouve seule pour préparer un repas de réveillon pour mes parents et moi. Eux ont décidé d'aller à l'église et seront de retour vers vingt heures. Ce n'est pas la soirée que j'avais imaginée et j'ai du mal à conserver ma bonne humeur. Cette année encore, il me faudra prétendre que tout va pour le mieux et que les fêtes me remplissent de joie. J'essaie de ne pas penser au livre qui m'attend sur ma table de nuit ni à mon lit douillet et allume les lumières du sapin, puis dispose les bougies sur la table. Cela fait presque trois heures que je garde un œil sur la dinde, car ma mère a insisté pour faire à manger pour une armée. Elle a préparé la volaille, mais il fallait bien que quelqu'un surveille la cuisson. Ce repas traditionnel, pour une famille aussi réduite que la nôtre, sonne faux. Si j'avais réussi à convaincre mes parents d'aller en Floride comme prévu, j'aurais mangé une soupe, bu une tisane et aurais pu gagner mon lit aussitôt. Ce n'aurait pas été plus facile, mais je n'aurais pas eu à faire semblant… Mince, j'ai laissé tomber une larme dans la sauce.

Le repas est triste, chacun perdu dans ses pensées. Je compte les minutes qui s'étirent.

« Tu n'as pas sorti tes belles assiettes ? demande soudain ma mère.

– Non, je n'ai pas eu le temps d'aller les chercher. Elles sont encore au sous-sol dans un carton…

– Aujourd'hui, c'était l'occasion…

– Oui, toi ou papa auriez pu vous en occuper au lieu de partir à la messe ! »

Les mots me sortent de la bouche avant que j'aie le temps de les ravaler.

« Tu prends vraiment tout du mauvais côté, ces temps-ci », remarque mon père.

Mon cerveau m'implore de désamorcer la situation, mais ma bouche est devenue incontrôlable !

« C'est peut-être parce que ma vie s'est effondrée il y a quelques mois et que je me sens seule et épuisée ! Je n'ai plus le goût à rien, mais il faut quand même que je tienne le coup pour les garçons et pour ne pas perdre mon travail. La plupart du temps, tout ce que j'ai envie de faire est de passer la journée sur mon canapé, à me nourrir de chocolat et à regarder de vieux épisodes de *Friends*.

– Oui, mais Noël, c'est important, dit mon père. Il faut faire un effort !

– Mais je ne fais que ça depuis des mois ! Ma vie entière est une corvée continuelle. Alors la pression de Noël, c'est trop ! Si vous n'aviez pas été là, je serais déjà au lit et n'aurais pas passé trois heures dans la cuisine à cuire une dinde et éplucher des marrons parce qu'il fallait respecter la tradition ! »

Le pire est que je pensais que je commençais à aller mieux. Mais apparemment, à la moindre contrariété, je replonge ! Je ne sais pas combien d'accords j'ai brisés en seulement quelques phrases, mais ce dont je suis certaine, c'est que je regrette déjà mes propos acerbes et suis loin de me sentir soulagée d'avoir vidé mon venin.

« Tu n'es pas contente de nous voir ? » demande mon père.

La déception lui a fait prendre dix ans d'un coup.

« Non, c'est juste que je n'en peux plus. Je n'arrive plus à m'occuper de tout et de tout le monde !

– Ma chérie, on est venu pour ça, dit ma mère. Pour nous occuper de toi ! Mais tu ne demandes jamais d'aide ! On est parti à l'église parce qu'on avait l'impression d'être dans tes pattes ! »

Je m'apprête à leur donner une leçon sur les suppositions, mais ils ont raison : bien que je ne leur aie jamais demandé de sortir, j'étais désagréable et les ai poussés dehors.

« J'espérais que ce Noël serait le premier d'une longue série de moments mémorables. Je voulais qu'il soit différent des autres, justement, pour qu'il n'y ait pas de comparaison et que ce soit un moment agréable. On avait tout prévu avec les garçons, et puis avec ce changement de dernière minute, nos projets sont tombés à l'eau…

– On fera tout cela demain quand ils rentreront, dit mon père.

– Mais Matthew les ramène à midi, ils n'auront pas le temps de préparer le repas et d'installer l'écran pour visionner les photos.

– On fera simple et on mangera quand ce sera prêt, annonce mon père. Rien ne presse. »

Je n'arrive pas à croire ce que j'entends ! Mes parents sont tellement rigides avec les horaires des repas !

« On s'y mettra tous, dit ma mère. Tu n'auras qu'à nous dire ce qu'on doit faire.

– Puisque tu demandes, j'aimerais beaucoup que vous arrêtiez de me critiquer…

– On te critique, nous ?

– Oui : moi, les garçons, la maison…

– On essaie juste de donner des conseils… Bon, c'est vrai qu'on manque parfois de subtilité. Je comprends que tu puisses prendre nos suggestions pour des critiques…

– Oui, elles sonnent exactement comme des critiques !

– Alors c'est entendu, on va arrêter de te faire des recommandations. En plus, tu te débrouilles très bien sans nos conseils. »

Encore une fois, je suis abasourdie !

« Vous trouvez ?

– Oui, tu te reconstruis une belle vie avec les garçons. On est conscients que ce n'est pas toujours facile, pourtant tu t'en sors haut la main… Je sais qu'on ne se dit pas souvent ce genre de choses, mais on est fiers de toi !

– Ah bon ? »

Je reste sans voix. En effet, mes parents ne m'ont pas habituée à autant de louanges !

« Oui ! Les coups de blues, c'est normal ! On te trouve bien en fait, peut-être mieux que quand tu étais avec Matthew ! Tu ne t'épanouissais plus ces dernières années ! »

Commentaire de Tamara : *La vérité ne sort pas que de la bouche des enfants !*
Réponse d'Isa : *Rien que pour la deuxième partie de cette conversation, je ne regrette pas d'être restée à Toronto au lieu de te rejoindre au Mexique !*

Mercredi 25 décembre

Briser les vieux accords en redevenant soi-même

Après la conversation d'hier soir, un poids a disparu de mes épaules. Cela fait du bien de savoir que mes parents sont dans mon camp et qu'ils ne me considèrent pas comme une ratée. Il y a des difficultés, mais aussi beaucoup de bonheur dans ma vie, et des âmes sur qui je peux compter. Ils ont raison à propos de mon ex-mari : une fois remise du choc de son départ, j'ai bien dû reconnaître qu'il ne me manquait pas ! En fait, je commence à me rendre compte qu'il m'a fait une faveur en partant : il me donne la chance de reconstruire ma vie selon mes propres rêves, pas les siens.

Les garçons arrivent en fin de matinée et préparent une salade de fruits et des pancakes pendant que mes parents lavent les belles assiettes remontées du sous-sol. Mon père, qui ne met jamais les pieds dans la cuisine, s'est désigné superviseur de notre nouvelle tradition, le *brunch* de Noël – son idée aussi !

« On ne fait rien de compliqué et on s'y met tous, comme ça, on mangera plus rapidement !

– Et plus vite on mange, plus tôt on déballe les cadeaux ! » dit Tom.

Je mets discrètement le saumon au congélateur, au cas où mon père changerait d'avis en voyant la délicieuse chair rose, et je ne rappelle pas aux garçons qu'ils risquent d'être moins enthousiastes quand on devra manger les légumes achetés pour l'occasion en salade, accompagnement et soupe pendant les prochains jours !

Je profite de ce moment de quiétude en famille. Mes parents s'abstiennent de toute remarque désobligeante et les garçons nous font grâce de leur présence bien après le repas terminé. Une bûche crépite dans la cheminée, la radio passe les hits de Noël de Michael Bublé, la cuisine embaume le café. Dehors, un paysage de carte postale : les arbres ploient sous le poids de la neige tombée dans la nuit et un soleil pâle jette des reflets moirés sur la blancheur immaculée du jardin. La seule tache de couleur vient d'un cardinal aux plumes rouge vif sur une branche dénudée. Pour la première fois depuis bien longtemps, je me dis que je vais m'en sortir et, même plus, que je vais être heureuse.

Nous ouvrons les cadeaux puis sortons des jeux de société. Sur le coup des trois heures, nous avons tous un petit creux que nous comblons avec des sandwiches à la dinde et à la mayonnaise. Là encore, aucun commentaire de mes parents sur le fait que ce n'est pas une heure pour manger et que nous allons nous couper l'appétit pour le dîner. Et à six heures, quand la sonnette retentit alors que nous sommes en train de préparer le souper, nous n'avons pas droit à l'habituel « Ce n'est pas une heure pour rendre visite à l'improviste ! ».

Ellen et son mari Mark sont sur le pas de la porte, les bras chargés de paquets ! Derrière eux, deux adolescentes ; l'une, plongée dans la lecture d'un message sur son téléphone et l'autre qui sourit poliment, son beau visage creusé et ses traits tirés. sâkowêw ! Ma mère prend les devants, car je suis clouée sur place par la stupéfaction.

« Entrez ! dit-elle. Vous dînez avec nous ?

– Mark voulait vous appeler pour vous prévenir de notre arrivée, mais je préférais vous faire la surprise », dit Ellen en m'enlaçant.

J'ai mille questions… Mais elle commence à déballer ses sacs. Il y a des biscuits et des gâteaux de fête, des pâtes de fruits maison et un présent pour chacun ! Puis elle nous raconte leurs retrouvailles avec leur aînée, sans la quitter des yeux, comme si elle pouvait disparaître à nouveau si elle sortait de son champ de vision, et tout cela pendant que mes parents s'activent dans la cuisine.

« Cela a pris un peu de temps parce que cette affaire n'était pas une priorité pour la police, mais les informations fournies par Olivier ont été précieuses. sâkowêw est rentrée depuis trois jours, c'est le plus beau des cadeaux ! Et elle va bien, n'est-ce pas ma chérie ? Elle reprend ses marques. »

sâkowêw sourit timidement, sa sœur lui prend la main, Mark lui dépose une bise sur le front et Ellen fond en larmes.

« Je suis vraiment contente que vous soyez à nouveau tous réunis », lui dis-je, la gorge serrée par l'émotion.

C'est une belle fin pour une histoire qui aurait pu mal se terminer et mon amie semble avoir oublié son animosité envers moi.

« Mon plus beau présent est votre visite ! ajouté-je.

– Attends de voir ce qu'il y a dans la boîte, dit Ellen. Allez, ouvre ton cadeau !

– Oh, Ellen, les boucles d'oreille dont je rêvais ! En plus du bracelet que tu m'as offert, c'est beaucoup trop !

– De quel bracelet parles-tu ? me demande mon amie.

– Celui de *Secret Santa* ! dis-je en relevant ma manche et en lui mettant les cristaux bleu pâle sous le nez pour lui rafraîchir la mémoire.

– Mais il ne vient pas de moi ! C'est pour Annette que je devais trouver un cadeau et je lui ai offert un coquetier ! »

Je n'ai pas le temps d'élucider le mystère, car on m'appelle dans la cuisine.

Nous dînons tous ensemble, puis Olivier s'assied au piano presque sans rechigner pour jouer des airs de Noël que nous reprenons en chœur, de manière plus ou moins juste, mais qu'importe ! Nous finissons la soirée en regardant le diaporama des photos de l'année qu'il a réalisé. Il n'y a pas eu de grands évènements ou de voyage exotique, juste des moments heureux de la vie de tous les jours, des visites d'amis, des anniversaires, quelques balades dans la nature et des sorties culturelles. Il a même eu l'idée d'ajouter un cliché d'Ellen et sa famille, pris en cachette plus tôt dans la soirée ! Ma mère a raison, cette année n'a pas eu que du mauvais, bien au contraire !

Commentaire de Tamara : *C'est la dernière fois que je fuis Noël en m'exilant loin de Toronto ! L'année prochaine, je veux un bon vieux Noël en famille !*
Réponse d'Isa : *Tu seras la bienvenue chez nous !*

Jeudi 26 décembre[11]

Ne faites pas de suppositions

Mes parents sont partis pour la Floride. Ils n'allaient tout de même pas annuler complètement leur traditionnel séjour. Je baigne encore dans la joie de notre belle journée de Noël même si les garçons ont repris leurs habitudes d'ados : enfermés dans leur chambre pour n'en sortir que lorsque la faim est trop forte.

L'accord du jour me conduit à ne pas faire de suppositions : un jeu d'enfant quand je n'ai d'interactions qu'avec la cuisinière, le frigo et le balai ! Jusqu'à ce que j'aille sur mon blog pour écrire le billet du jour. Et là, je manque de faire une crise cardiaque quand je tombe sur un commentaire signé d'un certain David qui espère que j'ai passé un bon Noël ! Qui est cet individu qui n'a aucun respect pour la vie privée des autres ? Que fait-il sur mon blog ? Est-ce qu'il l'a lu ? Évidemment qu'il l'a lu ! Oh non ! Je ne connais pas de David. Est-ce un inconnu tombé par hasard sur le site ? Tamara qui me fait une farce ? Qui que ce soit, il ou elle connaît maintenant mes pensées les plus intimes ! Cela n'était pas prévu du tout ! Je ne devais avoir que Tamara, à qui je raconte déjà tout, comme lectrice ! Mon premier réflexe est de supprimer le blog, prétendre que je n'ai jamais trouvé ce message et faire disparaître le mystérieux personnage en même temps que ma prose. Mais mon nouveau moi se souvient que la panique est mauvaise conseillère et décide au contraire d'en avoir le cœur net.

Réponse d'Isa : *Salut, cher inconnu, comme tu l'as sûrement lu dans l'article d'hier, mon Noël a été magique. Et toi ?*

Sereine et décontractée, la nouvelle Isa ne montre pas qu'elle est au bord de l'apoplexie ! La réponse vient rapidement : ce David serait-il un harceleur, un épieur virtuel ?

Réponse de David : *Inconnu ? On travaille ensemble !!!*

Ah bon ? Oh non ! Mon lecteur mystère est notre collègue de la com' ! J'avais oublié qu'il s'appelait David ! Il a lu mon blog et je vais devoir le tuer, ou me tuer ! Enfin, l'un de nous doit disparaître !

Réponse d'Isa (en hyperventilation) : *Qu'est-ce que tu fais sur mon blog ? Il n'est pas fait pour être lu !*

Réponse de David : *Je cherchais un moyen de te contacter et je me suis souvenu que tu avais un blog, car tu l'avais laissé ouvert le jour où je t'ai rapporté tes affaires dans ton bureau… J'ai fait un peu de recherches et je t'ai trouvée ! Tu sais que ce que tu écris en ligne n'est jamais privé ? Avec un peu d'effort, tout le monde peut tomber dessus !*

Alors qu'il y a des millions d'inconnus à l'autre bout du monde qui auraient pu tomber sur mon blog, il a fallu que ce soit quelqu'un que je côtoie tous les jours ! Je n'arrive pas à croire qu'il ait tout lu ! Je n'ose même pas regarder ce que j'ai écrit tellement je suis embarrassée. Comme s'il lisait dans mes pensées, il ajoute :

Réponse de David : *Je n'ai pas lu tes articles. Enfin, pas plus que quelques phrases. Quand je me suis aperçu que le contenu était très personnel, j'ai arrêté. Je voulais m'excuser pour le bracelet.*

Réponse d'Isa : *De quoi parles-tu ?*

Réponse de David : *De notre conversation lundi dernier… Je m'en veux de t'avoir mise mal à l'aise, ce n'était pas le but. Je pensais qu'un cadeau qui serait sincèrement apprécié était une meilleure idée qu'une babiole qui partirait immédiatement à la poubelle.*

Réponse d'Isa : *Mais lundi, je te parlais du stylet !*

Réponse de David : *Et moi je te parlais du bracelet !*

Réponse d'Isa : *Alors, c'était toi mon* Secret Santa *?*

Réponse de David : *Oui, j'ai triché. J'ai demandé à Nicole ce qui te ferait plaisir, puis ma sœur m'a aidé à choisir.*

Réponse d'Isa : *Ta sœur ?*

Réponse de David : *Oui, je n'ai pas l'habitude d'acheter des bijoux, alors je voulais l'avis d'une femme. Et c'est toi qui m'as offert le stylet ?*

Réponse d'Isa : *Oui, mais il y a une histoire derrière ce* pencil… *Tu l'as lue ?*

Réponse de David : *Non. Tu veux me la raconter?*

Réponse d'Isa : *Euh non, je ne préfère pas.*

Réponse de David : *Tu m'en veux encore ? Tu trouves vraiment que le cadeau était inapproprié ?*

Réponse d'Isa : *Mais non, c'est un malentendu ! Je te remercie pour le bracelet. Vraiment. N'en parlons plus.*

Je n'ai pas envie qu'il me pose des questions, ni de lui dire que j'adore le bijou, que la taille est parfaite et que je le porte depuis trois jours. Parce que j'aurais préféré qu'il vienne d'une personne à qui je tiens vraiment, pas d'une vague connaissance de travail.

Réponse de David : *Bon, à demain alors.*

Réponse d'Isa : *À demain, et merci de ne pas avoir succombé à la curiosité.*

Je ne sais pas quoi penser de notre échange. Quelqu'un qui est intègre et respecte le jardin secret des autres, c'est surprenant. Je me réjouis presque de le voir demain au musée. Je devrais peut-être effacer ce blog ? J'ai fait des progrès depuis le début du défi, mais ce site contient des horreurs sur mon collègue… Encore une fois, je m'aperçois de l'importance de ne médire de personne.

Commentaire de Tamara : *Moi qui attendais avec impatience de savoir qui était ton admirateur secret, je me suis régalée avec la page du jour !*
Réponse d'Isa : *Ne dis pas de bêtises ! Il voulait simplement que son cadeau plaise au lieu de gaspiller son argent en achetant un gadget inutile.*

Vendredi 27 décembre

Quoi qu'il arrive, n'en faites pas une affaire personnelle

Savoir que quelqu'un d'autre que Tamara peut lire mon blog est déstabilisant. J'avoue que je ne sais plus ce que je peux partager ou non. Pour être honnête, ce ne sont pas les passages sur mes tentatives pathétiques et parfois manquées pour me retrouver et me façonner une vie qui me corresponde qui me donnent des sueurs froides. Ce sont de ceux dans lesquels j'ai critiqué injustement que j'ai honte. Enfin, honte de mon comportement, pas des passages eux-mêmes. Mon collègue peut à tout moment lire ce que je pense de lui, ou pire, la manière dont Nicole le juge. C'est pour éviter que mon amie soit dans l'embarras par ma faute que je prends une décision que je risque de regretter.

« Salut David », dis-je à mon collègue en entrant dans son bureau.

J'ai pris soin d'enlever le bracelet pour minimiser le nombre de fausses idées qui vont à coup sûr germer dans son esprit. Mon sourire est poli, mais sans chaleur réelle et encore moins de complicité, comme si les cadeaux que nous nous sommes offerts et nos deux conversations n'avaient jamais existé. Je lui tends un Post-it.

« Tu me donnes ton numéro de téléphone ? » me demande-t-il.

À mon grand soulagement, son ton est égal au mien, neutre, professionnel. Et moi qui avais peur qu'il prenne mon geste pour une déclaration ! Décidément, je ne comprends rien aux hommes !

« Oui, si tu dois me dire quelque chose, lui dis-je, j'aime mieux que ce soit par ce biais-là plutôt que sur mon blog.

– Pas de problème », répond-il avec un clin d'œil.

La camaraderie revient au galop. Vraiment, j'ai hâte que toute cette histoire soit derrière nous et commence à me demander si lui donner mon numéro était bien « l'idée du siècle ». Par chance, Annette m'empêche de trop retourner tout cela dans ma tête en me sermonnant dans le couloir devant la poignée de collègues qui n'a pas pris de congé ce vendredi.

« Tu as fait imprimer ces livrets ! » me dit-elle en brandissant le cahier d'activités sur l'artiste ojibwé Rod Borghese.

J'imagine qu'elle n'attend pas spécialement de réponse, alors je me tais et attends la suite.

« Tu n'as rien à dire ? »

Si, dans ma tête, je me dis que j'ai poussé le bouchon trop loin ; que je vais me faire renvoyer à coup sûr ; que je ne pourrai plus rembourser l'emprunt de la maison ; que mes enfants vont aller vivre chez leur père ; que j'ai fichu ma vie en l'air par fierté ou par entêtement, enfin par quelque chose qui, je le réalise à l'instant, n'en valait pas la peine. Au beau milieu de cette catastrophe, je me répète le mantra : quoi qu'il arrive, n'en faites pas une affaire *personnelle*. Je respire à fond. Je dois rester moi-même, ne pas attribuer des intentions négatives à ma chef, ne pas prendre personnellement les critiques et rebuffades qui reflètent son rêve ou plutôt son cauchemar, et non le mien. Je m'oblige à réagir comme si son ton avait été enjoué au lieu d'être accusateur, comme si elle m'avait abordée pour me féliciter et non pour me réprimander. Ma motivation principale est de ne pas lui montrer ma peur ni mon dépit de voir mes initiatives constamment évincées. Je ne veux pas lui donner satisfaction, surtout si cet entretien est notre dernier.

« Oui, on en a imprimé douze de chacun pour voir comment cela marcherait, finis-je par confesser. Ils ont eu un succès énorme ! Hier, on a même dû faire des photocopies, car on avait épuisé le stock et une institutrice qui en avait entendu parler voulait absolument faire les activités avec sa classe ! »

Silence. Je crois que je l'ai laissée sans voix ! Alors je joue sur la corde sensible de notre directrice, car mon ambition pour mes livrets est sans limites :

« On a même eu des demandes d'achat. Des visiteurs ont vu un groupe d'enfants les utiliser et voulaient les mêmes. Si on les mettait en vente au magasin, cela pourrait être une source de revenu supplémentaire, ou mieux encore, on pourrait les proposer directement au guichet avec le guide. »

Je crois que l'idée de rapporter de l'argent au musée met du baume au cœur de pierre d'Annette, sans aller jusqu'à l'amollir, mais assez pour sauver mon emploi !

« Tu m'apporteras une analyse des coûts et bénéfices des livrets sur mon bureau avant de partir », me dit Annette, légèrement radoucie.

Ben oui, il faut bien qu'elle ait le dernier mot !

Commentaire de Tamara : *Bravo pour cette victoire professionnelle !*
Réponse d'Isa : *C'était à deux doigts d'être un désastre ! Tu ne t'imaginais pas que ton défi pourrait me faire perdre mon travail, n'est-ce pas ?*

Samedi 28 décembre

Briser les vieux accords en redevenant vraiment vivant

Je sens bien que les quatre accords commencent à me changer. Petit à petit, je retrouve qui je suis véritablement, je prends de l'assurance et recommence à avoir confiance en la vie. Selon don Miguel Ruiz, nous ne pouvons pas être réellement vivants tant que nous ne prenons pas conscience de la mort. Celui qui sait qu'il peut mourir à tout moment vit chaque jour comme s'il était le dernier, un moyen sûr pour se libérer de ses peurs et vivre pleinement. Ce conseil peut paraître cliché, et il est rarement pris au sérieux, pour de mauvaises raisons. Nous nous imaginons qu'il signifie tout abandonner pour accomplir un vieux rêve avant qu'il ne soit trop tard, ce qui, pour le commun des mortels, est irréalisable. Pendant un instant, nous nous voyons vider notre compte bancaire pour partir surfer sur les vagues légendaires de Maui, ou démissionner de notre poste d'assistante de direction et nous mettre à la rédaction de nos mémoires, puis nous redescendons sur terre et retournons à notre quotidien, en nous disant que cela nous a fait du bien de nous évader cinq minutes, mais que les rêves, de par leur nature, resteront toujours des chimères. Qui a le temps et les moyens de bâtir des châteaux en Espagne ? Au contraire, Ruiz ne nous recommande pas de tout chambouler, mais d'insérer nos rêves dans notre quotidien. Je m'efforce donc de mettre cette sagesse en pratique ce week-end, en étant moi-même, en faisant des choses qui me tiennent à cœur et en appréciant chaque moment.

David me contacte à nouveau par texto. Au début, je ne réponds pas immédiatement. Je croyais avoir été claire sur le fait que nos relations se borneraient au travail, mais apparemment, il a besoin que j'enfonce le clou ! Nous en venons à échanger des banalités, qui font insidieusement place à des sujets plus personnels. La conversation par messagerie est plutôt agréable, mon interlocuteur s'intéresse vraiment à moi et, petit à petit, je me laisse prendre au jeu. Nous découvrons que nous sommes tous les deux passionnés de civilisations anciennes. Il a déjà visité le Machu Picchu, un des endroits sur ma *bucket list*[12] ! Nous partageons un besoin profond d'être proche de la nature et décidons que nous serions plus heureux au milieu de nulle part qu'à Toronto ! Mon téléphone bipe toute la journée et je me surprends à ressentir les fameux papillons d'excitation à l'arrivée d'un nouveau message. Notre collègue de la com se révèle être quelqu'un de bien, un homme intéressant et chaleureux.

Je ne passe pas non plus la journée à attendre ses textos. Dans la matinée, je me rends dans un refuge pour animaux et ramène un chaton tout noir et espiègle à la maison. Tom et Olivier vont être fous de joie. Quant à moi, j'ai toujours rêvé d'un chat. Je note que certains désirs de jeunesse sont en fait facilement réalisables et me demande pourquoi j'ai attendu aussi longtemps. Je ne dis rien aux garçons, ils auront la surprise en rentrant, mais je leur envoie plusieurs petits messages pour leur demander comment se passe leur week-end et leur dire qu'ils me manquent. Si je devais mourir aujourd'hui, au moins ils sauront que je les aime. Puis j'annonce la nouvelle à David et nous nous découvrons un point commun supplémentaire : il adore les animaux et n'est pas allergique aux poils de chat.

Mon dernier rêve de la journée est de passer deux heures à parcourir les rayons de ma librairie préférée (encore un plaisir facile à satisfaire que je me refuse souvent sans raison). J'en ressors avec trois livres dont un sur une expédition au Machu Picchu. Quand arrive la fin de l'après-midi, j'ai l'impression que David et moi sommes devenus amis. Lorsque je me couche, après avoir dévoré une douzaine de sushis (un de mes plats préférés) et la moitié du premier livre, je me demande si nous ne serions pas un peu plus qu'amis. Par texto, il est parfois difficile de faire la différence entre humour et flirt…

Si cela devait être ma dernière journée, elle était aussi parfaite que possible étant données les circonstances.

Commentaire de Tamara : *Serais-tu en train de tomber amoureuse de la bête noire d'une de tes amies ?*
Réponse d'Isa : *Dit comme ça, cela semble beaucoup moins attrayant ! Tu devrais relire mon article, je n'ai écrit le mot « amour » nulle part. Et puis, entre nous, il est loin d'être le monstre que Nicole décrit.*
Réponse de Tamara : *Tu t'épanches sur ton collègue sans retenue ! Tu ne crains pas qu'il te lise ?*
Réponse d'Isa : *Je sais, c'est risqué. Pourvu qu'il tienne parole !*

Dimanche 29 décembre

Briser les vieux accords en redevenant vraiment vivant

Au réveil, les garçons me manquent, le chaton a fait ses besoins sur le tapis du salon et je n'ai pas de message de David. Du coup, mon humeur dégringole et mon entrain est comparable à celui d'une marmotte en hibernation. Je me sens plus morte que vive. Cependant, au lieu de me laisser entraîner dans une spirale de négativité qui me clouera sur mon canapé pour la journée, je n'écoute pas ma tête qui me serine que ma vie est médiocre, que je suis seule et pathétique, mais interroge mon cœur qui, lui, est souvent meilleur conseiller. Il me dit de prendre soin de moi-même et d'apprécier le calme de ce dimanche matin, de continuer à me sentir vivante en profitant à nouveau de cette journée comme si c'était la dernière.

Croissants chauds au petit-déjeuner, chaton qui réclame des caresses, article captivant sur les bienfaits de la méditation de pleine conscience – outil indispensable à ma pratique des quatre accords – et avant que je finisse mon café, un message de David me demandant si ma journée a bien commencé !

Moi : Tu viens de lui donner un bon coup de pouce !

Mes amies se trompent sur son compte : il n'est ni ringard ni coincé. Il est simplement lui-même, sans chercher à cacher ses différences et entrer dans un moule pour plaire à tout prix. C'est aussi un homme bienveillant, droit et honnête. Je lui suis reconnaissante d'avoir persisté et d'être entré dans ma vie. J'espère qu'il va y rester plus longtemps que Noah ! Je m'efforce de ne pas faire de suppositions, et en même temps, je ne pose aucune question sur un éventuel « nous ». On verra bien ce qui arrive, chaque chose en son temps, même s'il me semble bien qu'il flirte un peu. Je le laisse choisir les sujets de conversation, et jusqu'à présent, je n'ai pas à me plaindre de ma tactique, car il n'a pas encore abordé les thèmes dont je suis moins friande, comme les pubs bruyants, les bars à vodka ou la fête. Quoiqu'en parlant de fête, je brûle de savoir ce qu'il a prévu pour le réveillon du 31. De mon côté, j'avais envisagé de célébrer la nouvelle année avec mon divan et ma télé et, en imaginant être encore éveillée à minuit, une mignonnette de champagne – celle qui a roulé au fond du frigo et a échappé à la razzia de mes amies, pourtant méticuleuses, le soir de mon anniversaire ! Il y a quelques semaines, cela me paraissait les activités parfaites pour dire adieu à l'année qui se termine, et j'avais donc refusé les quelques invitations que j'avais reçues. À présent, je ferais bien prendre l'air à mes escarpins et ma pochette à sequins ou serais même prête à partager mon canapé, ma télé et mes bulles avec quelqu'un. En attendant, je sors acheter des jouets pour le chat. Les textos de David arrivent sans discontinuer.

David : Ma soirée idéale serait de regarder Casablanca avec un chat sur les genoux. Et toi ?

Hmmm. M'enverrait-il des signaux ? Un film d'amour, un chat, maintenant à disposition à condition qu'il regarde le film en question chez moi…

Moi : Pareil.

Je ne me mouille pas trop…

Je poursuis ma route jusqu'au centre commercial le plus proche pour trouver une tenue qui irait avec mes talons et ma pochette. Mieux vaut être prête à tout !

David : En fait, j'hésite. J'aimerais bien aussi aller danser la salsa en buvant des margaritas.

J'ai du mal à savoir s'il essaie de me dire quelque chose ou s'il me fait juste la conversation. Je sais bien que je dois éviter les suppositions, mais quand même, la salsa, c'est sensuel, il ne s'imagine pas la danser avec sa grand-mère, nom de nom !

Moi : Je t'ai dit que c'était ma boisson préférée ?

S'il me lance des signaux, il va penser que j'ai la vivacité d'esprit d'un mollusque sous calmant. C'est peut-être pour cette raison que les minutes passent sans qu'il réponde. J'ai le temps de dénicher une jolie robe bustier marine à paillettes, en solde et à ma taille ! Ce ne peut être qu'un signe de l'univers qui me hurle à l'oreille que je dois absolument fêter dignement la nouvelle année. Alors je me jette à l'eau :

Moi : Que penses-tu de vivre tes deux soirées idéales mardi soir, avec moi ?

Les mains moites, le cœur au bord de la tachycardie, j'appuie sur « envoyer » avant de changer d'avis. Puis j'attends. Et attends. À l'heure du dîner, toujours pas de réponse. Ai-je fait une bourde ? Mince, tout allait si bien.

Commentaire de Tamara : *Je veux bien t'aider à boire ton champagne !*
Réponse d'Isa : *Je croyais que tu avais des projets ! Et puis il a encore vingt-quatre heures pour répondre. Je garde espoir !*

Lundi 30 décembre

Retour sur ce défi fou

Ce matin au réveil, toujours pas de message. Je ne comprends pas, je croyais vraiment qu'il se passait quelque chose entre nous. Je suis consciente que je n'ai plus trop d'expérience dans le domaine et que j'ai tendance à faire des suppositions, mais ses signaux étaient aussi subtils qu'un éléphant au mariage d'une souris ! Et puis là, c'est gênant, on se voit tous les jours au travail, et je vais devoir faire des pieds et des mains pour éviter de le croiser dans les couloirs.

L'idée de commencer dès aujourd'hui à m'assurer que la voie est libre chaque fois que je veux sortir de mon bureau est au-dessus de mes forces. J'envoie un email à Annette pour lui dire que je ne me sens pas bien du tout (ce qui est vrai) et que je reste à la maison. J'en profite pour faire le bilan de ma pratique des quatre accords depuis le 3 décembre.

Que votre parole soit impeccable : j'ai appris à être consciente de mes paroles et à éviter les commérages, la plupart du temps… Je n'aurais jamais pensé qu'une si grosse partie de nos conversations consistait à dire du mal des autres, surtout que les racontars sont souvent infondés et qu'on sait tout le tort qu'ils peuvent faire. Tout le monde ne voit pas les bénéfices d'avoir une parole impeccable, et refuser d'entrer dans le jeu de ceux qui médisent peut parfois isoler. En revanche, j'ai encore du mal à ne pas me rabaisser et à avoir confiance en moi. Rome ne s'est pas construite en un jour, comme on dit !

Quoi qu'il arrive, n'en faites pas une affaire personnelle : je crois que c'est l'accord qui me donne le plus de fil à retordre. Dans mes interactions avec les hommes, au lieu d'être forte et indépendante, j'ai tendance à me sentir offensée, rejetée, et ridiculisée. J'envisage sérieusement de les éviter pour régler le problème ! Côté travail, je voudrais me sentir entrepreneuse et créative, et, pourquoi pas, devenir une « leader » que mes collègues respecteraient. Malheureusement, Annette, qui ne manque jamais une occasion de me montrer qu'elle me trouve incompétente, me fait souvent perdre toute confiance en moi et je remets sans arrêt en question mon talent et mes aptitudes. Du coup, je n'ai plus le temps ni l'énergie pour des tâches plus significatives et des discussions constructives. Au contraire, quand je ne laisse pas la porte ouverte aux critiques et que j'écoute ce que mon cœur me dit, non seulement je ne souffre plus, mais je laisse mon âme s'exprimer et créer de belles choses.

Ne faites pas de suppositions : j'ai appris que faire des suppositions peut conduire à des situations embarrassantes, fausser les relations et conduire à de mauvais jugements. Ne pas faire de suppositions et communiquer clairement permet d'éviter les malentendus. Cela m'a épargné une perte de temps avec Noah avec qui je n'étais visiblement pas compatible. Mais je ne sais pas quoi penser des récents évènements avec David. Il est vrai que je n'ai pas posé directement les questions qui me taraudaient, mais manquer de subtilité aurait peut-être aussi tout gâché (comme avec Noah).

Faites toujours de votre mieux : à mon avis, le bilan pour cet accord est positif. Cela fait vingt-sept jours que je tente de changer et que je fais de mon mieux pour vivre les accords au quotidien, même si ma quête se résume à un laborieux pas en avant pour être propulsée deux pas en arrière l'instant suivant.

Bon, tout cela n'est pas très réjouissant. Heureusement que j'ai encore trois jours pour redresser la barre ! Mon téléphone sonne et je me jette dessus. Ce n'est que Nicole (soupir).

« Ça va ? Où es-tu ? me demande-t-elle.

– Je ne suis pas dans mon assiette, je suis restée à la maison. De toute façon, presque tout le monde est en congé cette semaine, je ne manque pas grand-chose.

– Je suis avec Ellen, mon téléphone est sur haut-parleur, me dit Nicole.

– Salut, Ellen, merci de prendre de mes nouvelles. »

Une bouffée de reconnaissance me met les larmes aux yeux. Je ne sais pas pourquoi je fais une fixation sur David avec qui j'échange depuis seulement deux jours, alors que je viens de me réconcilier avec mes amies. Voilà de quoi me réjouir : deux copines de longue date avec qui j'ai partagé des dizaines de moments et d'émotions fortes au cours des dernières années. Il n'y a rien de plus important que l'amitié. Je me jure de toujours être là pour elles et me réjouis à l'avance de nos conversations autour du café du matin et de nos prochains fous rires à chaque nouvelle crise d'Annette. Je me promets aussi d'inclure Sara dans notre petit groupe, je suis certaine qu'elles l'apprécieront une fois qu'elles la connaîtront mieux.

« C'est bête que tu ne sois pas venue au musée, on avait quelque chose à te dire, dit Nicole.

– Oui, renchérit Ellen, quelque chose qu'on aurait voulu t'annoncer de vive voix.

– À en juger par votre ton, ça a l'air grave, leur dis-je.

– On va donner notre démission à Annette ce soir, dit Nicole. On voulait te le dire avant.

– Toutes les deux ? Vous avez trouvé un autre poste ? »

Je n'arrive pas à imaginer le musée sans elles. Sans leur compagnie, leur bonne humeur, leur soutien, notre complicité toute juste rafistolée. Je ne supporterai pas les remarques désobligeantes d'Annette si je n'ai personne pour me remonter le moral, puis en rire.

« En fait, on monte notre propre entreprise, m'annonce Ellen. Comme ça, on évite le problème des mauvais *boss* !

– On va faire du *consulting* en communications, image de marque et marketing, continue Nicole. On a trouvé un bureau sympa et on commence dès le 2 janvier.

– Je suis contente que tu ne quittes pas Rob, dis-je à Nicole. Je t'ai vue à l'agence immobilière il y a quelques jours, toute seule, et je me suis demandé si tu cherchais un nouvel appartement, car cela n'allait plus avec ton mari !

– On voulait t'en parler, me dit Ellen, mais ces derniers mois, tu ne t'intéressais pas vraiment à nous…

– Félicitations à toutes les deux, arrivé-je à articuler malgré l'émotion qui me serre la gorge, c'est un beau projet.

– Oui, tu vois, nous aussi on essaie de suivre nos rêves ! dit Nicole.

– On te laisse, dit Ellen, il faut qu'on parle à Annette avant qu'elle ne rentre chez elle !

– Je vous envie ! » leur dis-je avant de raccrocher.

Je suis contente d'être chez moi pour apprendre la nouvelle. Au moins, personne ne me voit pleurer.

Commentaire de Tamara : *C'est juste une mauvaise journée ! Tu as énormément avancé en vingt-sept jours.*
Réponse d'Isa : *Je qualifierais plutôt cette journée de catastrophique ! Mais tu as raison, la moyenne sur le mois qui vient de passer est légèrement positive.*

Mardi 31 décembre

Faites toujours de votre mieux

C'est le plus triste 31 décembre de l'histoire. Je n'ai pas le cœur à m'amuser, mais le fait que le reste de l'humanité fasse la fête me brise le cœur ! Ce n'est pas qu'avec Matthew nous sortions pour le réveillon, mais au moins nous étions deux à rester à la maison. Nous expédiions les festivités, mal à l'aise d'être en tête à tête sans rien avoir à nous dire, puis allumions la télé pour meubler jusqu'à minuit. Ce soir, je me sens d'autant plus seule que j'avais espéré passer la soirée avec David, qui ne m'a toujours pas recontactée… Je finis donc l'année avec Leonardo DiCaprio (sur mon écran de télévision !) et une tisane, et m'endors sur le canapé vers vingt-deux heures, avec l'intention de me réveiller quand toute la folie du 31 se sera calmée. Mais à minuit cinq, la sonnerie du téléphone me tire des bras de Morphée (j'aurais préféré ceux de Leonardo, mais même mes rêves sont déprimants). Sur le coup, je ne sais plus où je me trouve ni quel jour on est et la panique s'empare de moi : il est arrivé quelque chose aux enfants !

« Bonne année, ma chérie ! fait la voix de ma mère.

– Tu n'étais pas couchée quand même ! » crie mon père.

Derrière eux, la musique bat son plein et le brouhaha des fêtards couvre leurs voix.

« Euh, en fait si…

– Bon, on ne te retient pas alors, on voulait juste te souhaiter une bonne année !

– Euh, merci !

– Tout va bien aller maintenant, dit ma mère qui a repris le téléphone. Le plus dur est passé ! Allez, bisous ! »

Je raccroche tout étourdie et tout à fait réveillée. Les paroles de mes parents me touchent. Je dois rester positive, faire de mon mieux, même si ce soir, cela se borne à essayer de garder le moral. Mais je n'arrive pas à me sentir motivée par quoi que ce soit. C'est comme si je regardais ma vie à travers un brouillard qui lui enlève toute sa saveur. Tout me paraît fade et sans intérêt. Créer de nouveaux livrets pour le musée ? L'inspiration m'a quittée. Organiser un week-end de ski avec les garçons ? Je suis épuisée à l'avance. Approfondir mes relations avec certains collègues de travail et créer de nouvelles amitiés ? Je crois que je vais m'en tenir à faire plus ample connaissance avec mon chat, lui au moins, il est fidèle. Comment est-ce qu'on peut passer de l'espoir au désespoir en seulement deux jours ? Je croyais avoir trouvé le secret d'une existence heureuse et voilà que le moindre grain de sable fait dérailler toute la mécanique et me ramène à zéro. Je ne supporte pas l'idée d'une vie où il faut se battre pour chaque moment de bonheur.

Soudain, je perçois du bruit dehors. Il y a quelqu'un sur le perron. Pourvu que ce ne soit pas des cambrioleurs qui auront pensé que la maison est vide ! J'attrape mon téléphone et commence à taper 911 puis recule silencieusement vers la porte du jardin : je n'ai aucune intention d'affronter le voleur, je suis même prête à lui écrire mon numéro de carte bancaire sur un Post-it et le laisser en évidence sur la table de la cuisine si cela le fait repartir plus vite ! Et moi qui pensais que la soirée ne pouvait pas empirer ! Les grattements à la porte s'amplifient, il va réussir à crocheter la serrure ! Je réalise que je ne veux pas mourir ! Non, pas avant d'avoir senti à nouveau le sable chaud d'une plage des Caraïbes entre mes orteils, de fêter au moins mille autres anniversaires avec les garçons, de grimper le Kilimandjaro ! J'ai encore des aventures à vivre ! Le chat se met à miauler en me cherchant dans le noir. À ce moment-là, la porte d'entrée s'ouvre et la lampe de l'entrée s'allume, éblouissante.

« Maman? appelle la voix d'Olivier. Qu'est-ce que tu fais dans le noir ?

– On a un chat ! s'écrie Tom, m'évitant ainsi de répondre à son frère.

– Qu'est-ce que vous faites là ?

– Papa et Jann ont commencé à se disputer, alors on a suggéré que ce serait mieux si on rentrait à la maison plus tôt.

– On n'a pas eu besoin d'insister, continue Tom, papa a commandé un Uber tout de suite. On ne t'a pas appelée pour te faire la surprise ! Tu n'as pas l'air contente de nous voir ?

– Mais si, je suis super contente ! Bonne année, mes chéris !

– Bonne année, maman ! On a apporté du foie gras et de la glace, mais je crois qu'elle a fondu !

– Ce n'est pas grave, venez, on va se préparer un petit encas ! Et demain, si vous êtes d'accord, on ira skier tous les trois ! »

C'est devenu le plus beau 31 décembre de ma vie !

Commentaire de Tamara : *Bonne année ! Ton mantra pour la nouvelle année : choisis de voir ce qui est beau !*
Réponse d'Isa : *Oui, la possibilité de mourir m'a ouvert les yeux sur toutes les magnifiques choses qui m'entourent.*

Mercredi 1er janvier

Résolutions

Pour célébrer le Nouvel An, je me reprends en main. Je ne vais pas abandonner les quatre accords si près du but ! Et pourquoi m'arrêter au bout d'un mois ? Je prends la résolution de les suivre tout au long de la nouvelle année ! Cela tombe bien, je n'avais pas encore réfléchi à la direction que je voulais donner aux cinquante-deux prochaines semaines. De plus, cette journée grise et froide se prête à la réflexion intérieure. J'ajoute une bûche dans la cheminée et quelques gouttes d'huile essentielle de cèdre dans mon diffuseur, m'empare de fiches de couleur et me mets au travail.

Que votre parole soit impeccable : j'utiliserai ma parole de façon positive, sans ironie, sans blesser les autres. Mes mots refléteront qui je suis vraiment et ce que je pense, je n'aurai pas peur de me sentir ridicule. Je garderai à l'esprit que si la parole est d'argent, le silence est d'or (il vaut mieux se taire que de dire du mal de quelqu'un). Je m'engage à ne plus utiliser la parole contre moi-même.

Quoi qu'il arrive, n'en faites pas une affaire personnelle : je me débarrasserai de mon ego ! J'arrêterai de tout rapporter à moi-même et j'apprendrai à ne pas me laisser toucher par les critiques. Elles se rapportent au rêve ou plutôt au cauchemar d'autrui, pas au mien.

Ne faites pas de suppositions : je n'essaierai plus de deviner les intentions ou pensées des autres et je serai consciente du fait qu'eux non plus ne lisent pas dans mes pensées.

Faites toujours de votre mieux : place à l'action et à bas la procrastination ! Chaque jour, je ferai de mon mieux en fonction de ce qui me paraîtra réalisable dans l'instant et ferai preuve d'indulgence envers moi-même dans les moments où je devrai placer la barre moins haut. J'éviterai de me juger.

Une fois mes fiches finies, je les colle sur la porte de mon armoire pour être sûre de les lire tous les matins et laisser les accords guider ma journée. Je dois accepter qu'il y ait beaucoup de choses que je ne contrôle pas, comme la météo, ce que disent et font les autres, mes hormones une semaine par mois, le temps qui passe trop vite ou s'étire à mourir d'ennui. En revanche, les quatre accords me donnent le pouvoir d'agir sur ce qui est sous mon contrôle : les mots que je prononce, ce que je pense et ressens et enfin, mes actes.

Un « ping » m'indique que je viens de recevoir un texto.

Ellen : Bonne année ! On ne te laisse pas tomber ! Tu peux passer nous faire un petit coucou quand tu veux, notre agence est juste à quelques pâtés de maisons du musée.

Moi : Bonne année à toi aussi et plein de succès pour votre nouveau projet ! Faites le plein de café et de biscuits, vous allez devenir mon bistrot préféré !

Ellen : On a tout ce qu'il faut ! C'est un peu notre concept : on veut discuter avec nos clients dans une ambiance chaleureuse, assis dans des fauteuils confortables, autour d'une boisson chaude.

Puis Nicole m'envoie un message à son tour :

Nicole : Plein de bonheur pour la nouvelle année !

Moi : Merci, mais ça va être dur au musée sans vous !

Nicole : On ne sera pas loin, et puis j'ai demandé à mon collègue David de veiller sur toi. Ne le prends pas mal surtout…

Moi : Drôle de choix de ta part…

Nicole : Non, il est parfait pour ce rôle ! Je crois qu'il est un peu amoureux de toi. J'en ai eu la confirmation lors du dîner du musée : j'ai fait en sorte que vous soyez le Secret Santa *l'un de l'autre pour voir ce qui allait se passer. Je n'ai pas été déçue !*

Moi : Quel plan machiavélique ! Je te remercie de lui avoir soufflé l'idée du bracelet !

Nicole : De rien ! En revanche, je ne m'attendais pas à ce que tu le surpasses presque avec le stylet !

Moi : C'est une longue histoire…

Nicole : Tu me la racontes ?

Moi : Oui, bientôt. J'ai encore besoin d'un peu de temps pour comprendre la fin.

Commentaire de Tamara : *Alors tu continues le défi ?*
Réponse d'Isa : *Oui, j'ai compris les principes, mais côté pratique, il y a encore des progrès à faire. J'ai l'impression que je ne suis pas de ces personnes qui prennent une nouvelle habitude rapidement !*
Réponse de Tamara : *Je ne connaissais pas le côté entremetteuse de Nicole !*
Réponse d'Isa : *Tu te rends compte qu'elle a essayé de me marier à quelqu'un qu'elle déteste !*
Réponse de Tamara : *Et à un poil près, ça marchait !*

Jeudi 2 janvier

Le grille-pain refuse de me rendre ma tranche. Je vais être en retard au travail ou mourir électrocutée, car j'ai encore une fois oublié de débrancher l'appareil avant d'enfiler la pointe d'un couteau pour décoincer ma tartine. La radio débite ses informations habituelles sur les bouchons quotidiens sans que j'y prête particulièrement attention, quand soudain, Olivier monte le son. Je m'apprête à lui dire d'éteindre quand j'entends mon nom. Ce matin, c'est moi l'heureuse gagnante d'un séjour sur la Riviera Maya !

« On t'a inscrite au tirage au sort d'*Un jour, une destination* ! m'informe Tom.

– On a même dû écrire toute une histoire à ton sujet pour leur expliquer pourquoi tu méritais ce voyage. Écoute, ils en lisent des passages », dit Olivier.

Après un aperçu de mon calvaire des derniers mois, le présentateur explique que je vais passer une semaine au Mexique !

J'abandonne mon toast – je fêterai la nouvelle en m'offrant le petit-déjeuner chez Starbucks sur le chemin –

et serre mes deux grands dans mes bras avant de fondre en larmes.

« Tu n'es pas contente ? me demande Tom déconcerté.

– C'est l'émotion », lui explique son frère.

Je fais oui de la tête parce que Tom n'est pas convaincu. Je n'arrive pas à croire que dans quelques semaines, je vais bouquiner sur la plage, plonger au milieu des récifs coralliens, grimper au sommet des pyramides, et nager dans des cénotes [13] ! Le plus touchant, bien évidemment, ce sont mes deux enfants merveilleux qui pensent que leur maman extraordinaire mérite un séjour de rêve. Un texto à Nicole, Ellen et Tamara pour leur annoncer la nouvelle, et je file au musée.

J'arrive en retard et trouve Liz assise dans mon bureau.

« Pardon, on avait rendez-vous ? demandé-je, gênée de l'avoir fait attendre.

– Non, je voulais t'annoncer que tes livrets ont énormément de succès ! Le conseil d'administration a demandé à Annette d'en créer toute une série et de les faire imprimer professionnellement ! Ils seront distribués gratuitement aux groupes scolaires et disponibles pour la vente aussi.

– Le CA a vu mes livrets ?

– Oui, j'en avais glissé quelques-uns dans mon rapport de fin d'année, explique Liz. Ils ont adoré. »

Je comprends mieux ! J'avais du mal à imaginer Annette faire l'éloge de mes idées !

« Merci !

– Tu peux te mettre au travail rapidement ? Sara pourra t'aider, ça lui changera les idées.

– Il faudra quand même que j'aie l'accord d'Annette, lui dis-je.

– Pas la peine. Pour ce projet, tu fais partie de mon équipe et on n'a pas de compte à rendre à Annette. Tu as manqué l'évènement de l'année, lundi. Le vieux Fred Lawson, qui est maintenant président du CA, est venu lui dire en personne que le musée stagnait et qu'elle devait faire preuve de créativité et penser à innover ! Je crois qu'elle a pris plusieurs jours de congés pour digérer l'affront !

– Merci encore de leur avoir montré mes fiches d'activité ! Je suis ravie de travailler avec toi ! »

Une fois Liz partie, je remarque un bouquet fané encore enveloppé sur mon armoire de classement. Quel gâchis, ces renoncules desséchées ! Qui a eu l'idée saugrenue de faire livrer des fleurs au bureau quand tout le monde est à la maison pour les fêtes ! Une enveloppe est agrafée au plastique. Curieuse, j'en extrais une petite carte toute gondolée par l'humidité des pétales en décomposition. Je me fais penser à une archéologue pelant délicatement une à une les pages jaunies d'un manuscrit ancien ! L'encre a bavé sur le carton et le texte est indéchiffrable. Un mot, en revanche, est resté parfaitement lisible : la signature ! J'attrape mon téléphone. David décroche à la première sonnerie. Mais je ne sais plus ce que je voulais dire ! Tout est mélangé : les fleurs, le réveillon, nos messages, ma tranche de pain brûlée.

« Allo ? Tout va bien ? me demande-t-il au bout d'un moment.

– Oui, en fait, cette journée est vraiment incroyable ! Je viens de gagner un voyage au Mexique et le conseil d'administration du musée veut que je continue à développer mes idées d'activités éducatives et interactives autour de nos expositions ! »

Je devais être sous le choc. Je réalise juste maintenant la portée de ces deux nouvelles, avec, en bonus, Liz comme patronne au lieu d'Annette.

« Euh, félicitations… C'est pour me dire cela que tu m'appelles ? » me demande-t-il.

Il a l'air déçu ; je suis sur mon petit nuage.

« C'est fantastique, non ?

– Oui, oui, je suis content pour toi, mais tu comprends que je ne suis pas fou de joie après le lapin que tu m'as posé le soir du 31 ! »

Je redescends très vite sur terre. Je m'écrase même, tellement c'est rapide.

« Attends, c'est toi qui ne m'as plus donné signe de vie quand les choses sont devenues sérieuses. Je te proposais de passer la soirée avec moi, pas de nous marier ! Et si c'était trop, tu aurais pu me le dire au lieu de me "planter" sans un mot !

– Ne me dis pas que tu n'as pas reçu les fleurs et la carte ! riposte-t-il.

– Si, justement, j'ai ta carte dans la main. C'est pour cela que je t'appelle.

– Avec deux jours de retard, tout de même…

– Mais tu as fait pire, tu n'as jamais répondu à MON message !

– Les fleurs étaient MA réponse à ton fichu message !

– C'est tordu quand même, dis-je sans trop de conviction.

– Comment ça, tordu ? C'est bien la première fois qu'une femme trouve des fleurs tordues !

– Eh bien… je t'envoie un texto et, toi, au lieu de répondre directement, tu changes complètement de moyen de communication. Et moi, qui ai vérifié mon téléphone toutes les trois minutes pendant plus de vingt-quatre heures, j'aurais dû deviner que ta réponse arriverait sous forme de fleurs au bureau !

– Mon téléphone n'avait plus de batterie ! Voilà pourquoi je ne t'ai pas répondu tout de suite par texto. Quand je m'en suis aperçu et ai vu ton message, il était tellement tard que j'ai pensé que cela ne ferait pas vraiment de différence que tu aies ma réponse le matin plutôt qu'à presque minuit. Et pour me faire pardonner de t'avoir fait attendre, je t'ai fait livrer des fleurs. C'est un peu vieux jeu, je sais… Je n'ai pas compris pourquoi tu n'es pas venue…

– Parce que je n'ai pas lu ton message. Je ne suis pas allée au musée, lundi. J'étais… malade. J'ai trouvé les fleurs ce matin.

– Ah, d'accord, je comprends mieux… Je me disais que j'avais commis un impair et que tu m'en voulais. Je suis soulagé que ce ne soit pas le cas.

– Je ne t'en veux pas du tout ! J'ai passé un réveillon horrible, toute seule chez moi, et j'ai même failli me faire cambrioler…

– Vraiment ?

– Non, en fait c'étaient mes fils qui essayaient de déverrouiller la porte ! Mais c'est vrai que j'ai été déçue par ton silence. J'avais même imaginé qu'on passerait le 31 ensemble.

– Si ça peut te consoler, moi aussi j'ai eu un réveillon pourri !

– Bon, alors je te pardonne ! Au fait, qu'est-ce qu'elle disait, ta carte ?

– Je t'invitais à la soirée organisée par le Plazza Flamingo, avec buffet mexicain et musique latine. Et bien sûr, autant de margaritas que tu voulais !

– Mince !

– Tu peux le dire, les billets ne sont pas remboursables !

– Heureusement que toute cette histoire est un malentendu, non ? Tu sais, j'aurais accepté ton invitation si j'avais eu le message.

– C'est vrai ? Ça me fait plaisir de t'entendre.

– Je suis contente que tout soit réglé alors. C'est la troisième bonne nouvelle de la journée !

– En fait, il y a encore quelque chose qui me tarabuste.

– Vraiment ? Écoute, si c'est à cause des billets, je suis vraiment désolée.

– Non, ce n'est pas ça, même si pour tout te dire cela n'a pas été simple d'en trouver à la dernière minute. J'ai dû faire une heure de route pour les récupérer. Mais je me demandais juste… qui allait t'accompagner au Mexique.

– Tu veux que je t'invite pour me faire pardonner, c'est ça ?

– On pourrait dire ça comme ça ! Mais j'aimerais que tu me proposes d'y aller avec toi parce que tu en as envie, pas parce que tu te sens obligée.

– Mmmm. Laisse-moi réfléchir… Eh bien, je crois que tu as raison, c'est avec toi que je souhaite y aller. Ça nous changera des textos et du téléphone et, surtout, je ne serai pas obligée d'apprendre le langage des fleurs !

– Oui, il y aura peut-être moins de malentendus ! »

Dans la soirée, mes amies et moi sommes à nouveau réunies, autour d'une fondue, pour célébrer la fin du défi. Elles n'ont pas eu l'audace de proposer de préparer le repas cette fois, mais avant de leur servir l'apéritif, je leur ai donné chacune un morceau de fromage à râper, pendant que je coupais des cubes de pain rassis, avec la consigne de ne toucher ni au vin blanc ni au kirsch.

Tamara me félicite d'avoir joué le jeu.

« Non, c'est moi qui te remercie ! lui dis-je. Les quatre accords m'ont permis de mieux me connaître, de comprendre quel genre de personne je veux être et quelle vie je veux avoir. J'ai encore du travail à faire, mais maintenant, je suis sur le bon chemin !

– Tu nous expliques ta formule magique ? me demande Ellen. Je crois que j'en suis restée à l'accord sur l'impeccabilité de la parole. »

Je leur raconte mon parcours des dernières semaines, en mettant l'accent sur le fait qu'il n'y a rien de magique : les accords sont une pratique très concrète qui demande des efforts constants et dont les résultats ne sont pas forcément immédiats. Rien à voir avec un coup de baguette ! En revanche, la récompense va au-delà des espérances. Elle peut paraître surnaturelle, miraculeuse même.

Je demande : « Tu as remarqué que lorsque tu avances dans la bonne direction, les choses se mettent en place d'elles-mêmes ? Les quatre accords sont le compas qui te guide. Il suffit de les suivre pour que la vie retrouve un sens, même si tu n'en es pas consciente. Et puis un matin, tu te réveilles et tu te rends compte que tu as tout ce dont on peut rêver : tes enfants t'apprécient (bon, parfois c'est subtil), tu as des amies qui tiennent à toi, tes parents ne sont pas aussi à côté de la plaque que tu le pensais, ton travail t'offre enfin des perspectives et même la chance est dans ton camp (je parle du voyage).

– Tu oublies l'amour, remarque Nicole.

– Chaque chose en son temps, dis-je, pas encore prête à dévoiler mon secret et à répondre aux mille questions qui ne manqueront pas de suivre une telle déclaration.

– Justement, le temps presse, tu ne vas quand même pas partir toute seule dans ton club de vacances de rêve ! déclare Ellen.

– Va ouvrir la porte, m'ordonne Nicole. Moi aussi j'ai une surprise de fin de défi pour toi. Elle t'attend derrière ! »

La surprise en question a dû entendre, car elle ouvre elle-même la porte avant que ma main ne tourne la poignée. Je suis nez à nez avec David ! Je jette un coup d'œil interrogateur par-dessus mon épaule.

« Pour l'amour, tu avais besoin d'un petit coup de pouce d'une amie », dit Nicole avec un clin d'œil.

Je m'apprête à riposter que je me débrouille très bien toute seule, mais le pauvre homme est toujours planté dans l'entrée sans savoir à quelle sauce il va être mangé et je réalise que je suis vraiment heureuse qu'il soit là.

« J'espère que j'ai bien fait de venir ? murmure-t-il.

– Tu as très bien fait, lui dis-je. Il était temps que l'on passe à l'étape suivante. Les relations épistolaires via textos, ça va bien un moment… »

Sur ce, je l'embrasse. Sur les lèvres. J'imagine que ce n'était pas comme cela qu'il s'imaginait notre premier baiser, mais ça en bouche un coin à Nicole !

Je le présente à Tamara, lui mets une bière dans la main et prends mon amie à part.

« Je croyais que tu le détestais ! Qu'est-ce qu'il te prend de jouer les entremetteuses ?

– J'ai l'impression que cela ne te dérange pas autant que tu le prétends ! » répond-elle.

Puis elle ajoute :

« J'ai peut-être un peu exagéré. Il n'est pas si horrible que ça. J'avoue que je le prenais un peu pour un bouc émissaire. C'était dur avec Annette ces dernières années, alors je me défoulais en critiquant les autres. Mais c'est quelqu'un de bien, il est consciencieux, toujours prêt à donner un coup de main, c'est pour cela qu'il ne respecte pas les délais, il veut aider tout le monde. Et puis, cela fait des mois qu'il te couve des yeux sans rien oser te dire. Et toi, tu ne remarquais rien. Comme tu as perdu le nord en ce qui concerne ton bien-être, j'ai décidé d'intervenir.

– J'en connais une qui devrait se procurer une copie des *Quatre Accords toltèques* ! Si tu ne l'avais pas autant critiqué devant moi, on serait peut-être déjà mariés ! »

Au dessert, Tamara prend la parole :

« J'avais dit à Isa que si elle s'efforçait de suivre les enseignements des *Quatre Accords toltèques* pendant un mois, elle aurait droit à son cadeau d'anniversaire. J'avais l'intention de t'offrir un billet d'avion pour le Mexique, dit-elle en se tournant vers moi, mais comme tu l'as déjà reçu, j'ai pensé à quelque chose d'autre. Un présent qui va t'aider dans ton apprentissage des accords, puisque tu sembles avoir envie de continuer sur cette lancée. »

Je me demande bien ce qu'elle a en tête. Nous sommes tous les quatre impatients de savoir.

« C'est un cadeau non conventionnel et qui risque de te surprendre et peut-être même de t'effrayer au premier abord, mais fais-moi confiance. D'ailleurs, tu as pu constater que je te connais bien et que je ne m'étais pas trompée avec le défi toltèque, n'est-ce pas ? »

Tout d'un coup, j'ai beaucoup moins envie de savoir ! Je n'ai aucun désir de faire quelque chose qui me fait peur, je veux juste profiter du nouveau moi, de David, de ma nouvelle vie et de mon voyage. Je me suis fait assez de frayeurs et me suis suffisamment écartée de ma zone de confort au cours du mois de décembre. En revanche, mes amies semblent avoir hâte de découvrir le fameux cadeau. Ellen imite les roulements de tambour.

« Voilà, je t'ai inscrite à une retraite de méditation ! Tu vas t'entraîner à porter ton attention sur le moment présent, ce qui est indispensable dans ta pratique des accords.

– Je ne vois pas ce qui fait peur, dit Ellen, déçue.

– Ce qui peut être rebutant, au premier abord, c'est que la retraite est silencieuse. Mais je me suis renseignée, ce sont les plus efficaces ! Celle-ci se déroule dans les Laurentides, au milieu de la nature.

– C'est beau, les Laurentides, remarque Nicole, sans conviction.

– Mais ce n'est pas très pratique pour y arriver, il faut au moins six heures de voiture », dit David.

J'ai du mal à déglutir, mais je réussis à demander :

« Combien de temps ?

– Tu m'as dit qu'il te fallait du temps pour acquérir de nouvelles habitudes, alors je voulais t'inscrire à la plus longue qui dure trois mois !

– Tu oublies que j'ai des enfants et un travail ! »

Personne ne pipe mot. Même Ellen semble atterrée !

« Je sais. De toute façon, on m'a expliqué que pour une débutante c'était trop long. J'ai quand même réussi à les convaincre de te prendre pour un mois entier, cet été, quand les garçons seront avec Matthew.

– C'est remboursable ? demande David.

– Non, pourquoi ? dit Tamara

– Pour rien, dit David. Mais un mois sans se parler, ça paraît long quand même.

– Vous pourrez vous envoyer des textos, dit Nicole, optimiste, ça passera vite.

– Je crois que les téléphones sont interdits, annonce Tamara.

– Tu es sûre que ce n'est pas remboursable ? demande Ellen. Cela ressemble plus à une punition qu'à un cadeau.

– Oui, renchérit Nicole, et puis un mois de séparation, comme ça, au début d'une relation, ce n'est pas idéal. »

Mais Tamara les ignore.

« Tu ne me remercies pas ? » me demande-t-elle.

Je n'y arrive pas. En fait, j'ai du mal à respirer.

David, qui doit avoir peur que je tombe dans les pommes, passe son bras autour de ma taille pour ralentir ma chute.

Tamara s'approche de moi avec un air mi-inquiet mi-satisfait.

« C'est une blague, s'exclame-t-elle ! Tu vas partir trois jours découvrir la culture toltèque, et tu pourras participer à un atelier sur la pratique des quatre accords dans la vie quotidienne animé par un formateur proche de Ruiz ! »

Le soulagement se lit sur tous les visages, surtout celui de David. Quant à moi, je remercie Tamara tout en prenant note de changer de meilleure amie !

Qui aurait cru, cher journal, que ce défi toltèque m'aurait conduite aussi loin ?

Commentaire de Tamara : *Tu as oublié que je lis tes articles ? Attends au moins que je règle les derniers détails de ton inscription et te donne ton billet avant de me rayer de la carte !*

Notes

1. Don Miguel Ruiz, *Les Quatre Accords toltèques*, Éditions Jouvence.
2. Célèbre chaîne canadienne de café et restauration rapide.
3. Boisson qui peut être alcoolisée ou non, que l'on trouve dans les supermarchés et les cafés d'Amérique du Nord pendant la période des fêtes.
4. Les prénoms cris, un des peuples autochtones du Canada, s'écrivent sans majuscule.
5. Voir la précédente note de bas de page.
6. En Amérique du Nord, on suspend des bas décoratifs à la cheminée pour que le père Noël les remplisse de petits cadeaux.
7. *Un Chant de Noël*, conte de Charles Dickens.
8. Personnage principal d'*Un Chant de Noël.*

9. Cairn construit par les peuples inuits de l'Arctique canadien.
10. Équivalent de la terminale en France.
11. 26 décembre, *Boxing Day*, jour férié au Canada.
12. Liste des choses que l'on veut faire avant de mourir.
13. Puits naturels remplis d'eau.

Remerciements

Merci aux Éditions Jouvence de m'avoir permis de réaliser mon rêve de publier un roman. Merci, Charlène et Laura, pour vos précieux conseils et suggestions. Merci aussi, Anne-Charlotte, pour votre lecture attentive.

Merci, maman, d'avoir lu et relu mon tapuscrit avec patience et zèle.

Merci, Ben, Liam et Alexandre, d'avoir accepté que je sois moins disponible pendant mes périodes d'écriture. Vous saviez combien ce livre était important pour moi.

Merci, Shahin, d'avoir promis d'être ma première lectrice.

Dépôt légal : octobre 2023
Achevé d'imprimer en septembre 2023
Imprimé en France par Laballery
N° d'impression : 306329